FANTASMAS do TEMPO

Eles voltaram para contar

Revisão e Editoração Eletrônica:
João Carlos de Pinho

Direção de Arte:
Luiz Antonio Gasparetto

Capa:
Kátia Cabello

1ª edição
1ª impressão
Setembro • 2004
10.000 exemplares

Publicação, Distribuição
Impressão e Acabamento
CENTRO DE ESTUDOS
VIDA & CONSCIÊNCIA EDITORA LTDA.

Rua Agostinho Gomes, 2312
Ipiranga • CEP 04206-001
São Paulo • SP • Brasil
Fone / Fax: (11) 6161-2739 / 6161-2670
E-mail: grafica@vidaeconsciencia.com.br
Site: www.vidaeconsciencia.com.br

LEONARDO RÁSICA

FANTASMAS do TEMPO

Eles voltaram para contar

EDITORA GRÁFICA VIDA & CONSCIÊNCIA

"Vale a pena o que faço?
Só quando recebo uma luz vinda de cima.
Se a luz não estiver presente, não tenho
mais que uma mera habilidade."

(Ludwig Wittgenstein)

Este livro é dedicado à memória de
Mary e Norman Pontes de Miranda
e, especialmente, de minha avó,
Jelka B. Rásica (1918–2002).

Algumas pessoas foram
de grande ajuda para mim
enquanto escrevia este livro,
encorajando-me e às vezes
dando opiniões bastante pertinentes.
Gostaria de agradecer
especialmente a duas delas:
Fabio Bense e Fátima Sayão.

Introdução

Gostaria de esclarecer que este livro compreende um período de minha vida que pode ser considerado uma transição. Eram os primeiros sinais de um padrão de contatos com outras dimensões — ou outros mundos, dependendo de como se queira chamar — que viria a se estabelecer definitivamente mais tarde.

Apesar de alguns capítulos já tratarem claramente de contatos com pessoas falecidas, como em "O Sonho e a Carta", "Esqueletos no Armário" ou "Marcas na Argila", o tom geral do livro é o de *descoberta de um processo*, de algo que até então era novo para mim.

Como me sentir ao descobrir que sonhos que inicialmente pareciam ser apenas mais vívidos e marcantes que os usuais eram na verdade contatos com a remanescente energia vital de seres espirituais que já haviam experimentado ciclos de vida humana, muitas vezes desvelando obscuros segredos destas mesmas vidas? E como me sentir perante a experiência única de sentir o aroma de uma luz ou a cor de um som? Qual seria a explicação para tais fenômenos? Onde eu deveria buscar uma resposta? Na Ciência? Na Religião? Na Filosofia? E se não houvesse explicação? Afinal, o Inexplicável deveria ser questionado ou simplesmente admitido?

Muitas destas perguntas continuo fazendo, a mim e a algumas outras fontes. Afinal, nunca paramos de aprender e de descobrir, e, portanto, me desculpem os "especialistas" se às vezes uso termos que eles poderão rotular de *incorretos* ou *inadequados*, mas foram os termos que me pareceram os mais *corretos* e *adequados*, mesmo que se diferenciem de um *padrão* utilizado por este ou aquele grupo, de tal ou tal tradição, ou de tal ou tal crença.

Atualmente, no entanto, o *processo* se tornou mais claro, mais padronizado e mais dinâmico. Hoje os espíritos de pessoas falecidas, ou o que tenha restado de sua energia vital, confiam a mim, de forma inequívoca, a história de suas vidas, e essas histórias nem sempre são felizes ou belas.

Embora boa parte desses contatos ocorra durante o sono, eles são muito diferentes e claramente diferenciáveis de simples sonhos. Entretanto, já houve vários casos de manifestações enquanto eu estava desperto, porém com a sensação de estar dominado por um leve estado de transe.

Nos dois livros que estou escrevendo atualmente, já estou bem mais familiarizado e consciente de como e por que tais fenômenos ocorrem comigo, e talvez por isso eles se manifestem atualmente de forma tão constante e eficiente.

Mas, voltando ao *Fantasmas do Tempo*, creio que seu grande valor está justamente no despertar e no reconhecimento inicial desse intrigante fenômeno, bem como minhas primeiras reações e a aceitação de tais manifestações, inclusive a evidência de que eu sempre estive, de alguma forma, predisposto e até mesmo desejoso de vivenciar esses fenômenos.

Gostaria ainda de chamar a atenção ao fato de que, além dos contatos espirituais, *Fantasmas do Tempo* trata de episódios de clarividência (capítulo "A Tartaruga") e premonições ("Sintonia" e "A Afogada").

Enfim, e para terminar, se os livros que estou escrevendo no momento podem ser considerados francamente espíritas, nos quais energias vitais desencarnadas literalmente ditam a mim suas histórias, *Fantasmas do Tempo* pode ser considerado o relato de todas as circunstâncias e fatos que me encaminharam à descoberta do dom o qual tenho consciência de possuir hoje e através do qual me sinto honrado e privilegiado por Deus e pela Vida. Este livro é, portanto, um livro de iniciação a um dos mais sublimes processos pelos quais pode passar um ser espiritual durante uma vivência humana.

Espero que os leitores apreciem este relato de um processo que tanta riqueza trouxe à minha vida e à dos que me são próximos.

Atenciosamente e com muito amor,

Leonardo Rásica

EXPLICAÇÃO

"Os filósofos que dizem
'Depois da morte se inicia uma condição intemporal'
nem mesmo percebem que se pronunciaram em
um sentido temporal: 'depois' e 'se inicia'.
A temporalidade está em sua gramática."

(Ludwig Wittgenstein)

A insuficiência da palavra

Real e irreal. Passado, presente e futuro. Mundo real e mundo dos sonhos. Hoje, amanhã, ontem. Estas são algumas das diversas *palavras gelatinosas*.

Há nelas uma falsidade escorregadia, trêmula, uma inconsistência enganadora e fugidia. Por isso me lembram a gelatina. E essas palavras não são apenas inadequadas. Tenho a sensação de que há algo nocivo nelas, qualquer coisa perigosamente oportunista. Diz o ditado que uma mentira dita mil vezes acaba virando verdade. Na boca de quem acredita nelas, as *palavras gelatinosas* acabam virando lei. Ficam concretas, palpáveis, viram pequenas tiranas, ditadorazinhas com a missão única de falsificar sensações, distorcer percepções. Elas tentam traçar limites onde não há, demarcar fronteiras entre coisas indiferenciáveis.

Lembro-me de ter uns três ou quatro anos de idade, e meu pai dizer: "Amanhã vamos à praia". No dia seguinte, íamos. Ora, se meu pai havia dito que iríamos à praia *amanhã*, e estávamos indo à praia, era óbvio que *hoje era amanhã*. E então eu fazia a pergunta fatal: "Pai, hoje é amanhã?" A resposta era quase uma revolta. "Mas que pergunta boba! Como é que hoje pode ser amanhã? Hoje é hoje; amanhã é amanhã! Que pergunta..." Meu pai, apesar de ainda ter muito mais fantasia e imaginação que a pessoa que viria a se tornar em seus últimos anos de vida, não chegava a compreender a estrutura escorregadia das palavras. De qualquer forma, nasceu aí, pelos meus três ou quatro anos, minha antipatia pelas palavras gelatinosas.

Este livro conta como um processo simples e ao mesmo tempo muito especial é capaz de escancarar as portas a mundos riquíssimos em magia e significado, mundos com os quais desde sempre estivemos conectados. Porém esta conexão possui uma série de bloqueios tão poderosos, que na maioria das vezes nem chegamos a suspeitar que ela existe. Mas, se conseguirmos penetrar nesses mundos, perceberemos que lá as palavras gelatinosas não têm vez. Derretem, somem, viram não sei quê, se pó, se vapor, se éter.

Portanto, uma das tarefas mais difíceis é tentar expressar esses mundos em palavras, ainda mais se tentarmos evitar as palavras gelatinosas. Diria que é mesmo impossível. Quando se trata de fenômenos e sensações de tal transcendência, as palavras se tornam vazias e carentes de significado.

Se as palavras têm tamanha indigência, para que escrever um livro? Diante desta pergunta, lembro-me de uma frase da sabedoria zen: "Depois de apanhar o peixe, esqueça a rede; depois de compreender o significado, esqueça as palavras". Palavras são insuficientes, mas não completamente inúteis. De algum ponto se deve começar, afinal. Neste livro, palavras podem ser um primeiro contato, o início do início, um mero ponto de referência.

Apenas tentarei apontar caminhos, nada mais. Ao chegar ao tesouro, ninguém precisará mais deste precário mapa.

"Nossos ideais são como estrelas:
você não consegue tocá-los com as mãos.
Mas, como o navegante no deserto das águas,
deve-se considerá-los como guias,
e seguindo-os você chegará a seu destino."

(Carl Schurz)

LEMBRANÇAS

O extraterrestre

Interior de São Paulo, Brasil, 1982

Era um janeiro espantosamente chuvoso e abafado.

Eu tinha dez anos, e passava férias no sítio de minha família.

Um dia, meu tio me levou ao cinema da cidadezinha para ver o "ET", de Steven Spielberg. O filme me impressionou muito. Fiquei obcecado pelo extraterrestre.

Durante várias noites, passei horas olhando estrelas, torcendo para algum clarão suspeito cair em direção a um campo ou montanha próximos. Eu queria um ET para mim. Queria obsessivamente. Mal comia naqueles dias. Foi assim por mais de duas semanas. Depois passou.

Uma noite saímos para jantar fora, minha mãe, minha irmã, minha avó, meu tio e eu. Só meu pai estava em São Paulo, trabalhando. Quase nunca tirava férias.

Voltamos por volta das dez horas.

Ao nos aproximarmos de casa, vimos alguém na varanda. Estava junto à porta e saiu correndo quando nos viu chegando. Só vimos um vulto, não deu nem para saber se era homem ou mulher. Suspeitamos do caseiro ou sua esposa, que estavam trabalhando havia poucos meses no sítio. "É a moça!", disse minha avó. "Veio ver se acha alguma coisa de valor." Minha mãe também achou que, pela estatura, devia ser "a moça".

No dia seguinte perguntamos, mais para ver a reação. Claro que, se fosse um dos dois, não iria dizer. Negaram, de forma convincente, com uma ponta de indignação, inclusive.

Dias depois, jantávamos fora outra vez.

Ao retornar, a mesma cena sinistra. Alguém na varanda saía correndo ao ver o carro.

Meu tio acelerou, indo até o gramado nos fundos da casa, que descia até terminar em um pântano. Iluminou o pântano com os faróis e deu três voltas ao redor de casa. Nada.

Desta vez minha mãe conseguiu ver melhor: a pessoa usava uma blusa de listras vermelhas. Eu também vi — tinha quase certeza — listras vermelhas e brancas. A caseira tinha uma igual. Meu tio insistia: "Vamos até a casa deles! Se for ela, ainda não chegou lá, não deu tempo! Vamos!" Paramos bem em frente à casa do caseiro, jogando farol alto janela adentro, ameaçadores e inquisitórios. A porta se abriu. Com uma camisolinha azul, cara de sono, os olhos apertados evitando o farol alto, estava a caseira. Meu tio não desistiu. Podia ser o caseiro... Baixou os faróis. "O Graúna está em casa, Alaíde?" Imediatamente aparece detrás dela o marido, o Graúna, com a mesma cara de travesseiro e os cabelos espetados. E bocejando.

Fomos dormir confusos e com medo. Quem poderia ser? Um ladrão que nunca roubava nada? Um louco, fugido da clínica psiquiátrica que havia ali perto ("*A maior da América Latina!*", conforme alardeava o tétrico cartaz em frente da instituição)? E, claro, havia outras hipóteses muito mais prováveis e emocionantes para mim e minha irmã de oito anos: uma assombração? *Um "ET", finalmente?*

Minha avó queria voltar imediatamente para São Paulo: "Não fico nem mais um dia neste buraco! Não com essa coisa rondando a casa!", e ia arrumando as malas, dizendo que sua pressão já estava nas alturas e que estava "vendo tudo rodar". Minha mãe a acalmou; garantiu que no dia seguinte o mistério seria solucionado. Armamos um plano para a próxima noite.

Saímos de carro, mas dessa vez minha mãe foi dirigindo. Meu tio ficou no sítio, com o caseiro e um vizinho, escondidos num matagal de onde se podia ver nossa casa. O vizinho veio armado.

Às dez em ponto estávamos voltando. Que expectativa a minha, encontrar finalmente a criatura, contida, amarrada, poder vê-la de perto, tocar-lhe!

Quando íamos chegando, para nosso total espanto, vimos de novo "A Coisa" passando pela varanda. Já nem corria tanto, ia mais devagar... Mais confiada! Não vimos nenhum dos homens. Minha irmã se desesperou: "O bicho matou eles, mãe! Matou meu tio!" Minha mãe ficou apavorada, minha avó já estava outra vez vendo tudo rodar. De repente, os três saem do mato, desanimados, balançando a cabeça. Meu tio veio até o carro. "Nada... Parece que percebeu... Ficamos mais de duas horas escondidos no mato à toa." Minha mãe, apoplética: "*Como, nada?!!* Se acabamos de ver! Nem correu desta vez, estava quase parado aí na porta!"

Começou então uma polêmica, uma gritaria, um gesticular frenético... No fim, o caseiro admitiu que cochilou "um minutinho" e o vizinho disse que no escuro tinha "falta de vista". Meu tio não se conformou. Mesmo que os outros não estivessem olhando, ele não havia tirado os olhos da casa um segundo. "Chega de mistério. Amanhã é delegacia", decidiu. Mas o delegado não fez nada. Ou melhor, fez: deu risada.

O tempo passava, as férias iam terminando. Era quase carnaval.

Sempre que saíamos à noite, ao retornar víamos "A Coisa".

Já nem sentíamos medo. O mais estranho é que o bicho ficava cada vez maior. A cabeça crescia, os braços se alongavam, o corpo ia se encurvando. Já não parecia humano, tornava-se cada vez mais monstruoso. Porém continuava extremamente tímido. Sempre fugia. Sempre.

Na noite do sábado anterior ao carnaval, voltávamos e víamos pela enésima vez a criatura, já acostumados, já quase afeiçoados. De repente, minha mãe manda meu tio parar o carro. "A Coisa" pára. Ela manda dar ré. "A Coisa" também recua.

Tudo explicado.

No começo das férias, havíamos plantado duas mudas altas, de folhas largas, de uma árvore chamada figueira branca. Plantamos em frente à casa, uma à direita, outra à esquerda. A partir de então, sempre que voltávamos de carro à noite, o caminho cheio de curvas fazia com que os faróis incidissem sobre uma das mudas, num ângulo tal que sua sombra, refletida na parede de casa, dava a impressão de um vulto — inicialmente humano, depois monstruoso — fugindo. A parte superior da copa, arredondada, era a cabeça; dois galhos, com um broto em cada ponta, eram braços e mãos. E "A Coisa" crescia e se deformava, simplesmente porque a árvore crescia. Mesmo a camisa de listras vermelhas e brancas tinha explicação. A parede sobre a qual incidia a luz dos faróis era de tijolo aparente. Portanto, o "vermelho" era o tijolo, o "branco" o cimento.

Na manhã seguinte lancei à árvore um olhar cúmplice e divertido, pensando: "Ah!... Todo esse tempo era você!" Então notei que as folhas, estranhamente, estavam se enrolando sobre si mesmas.

À noite começaram a cair.

Já no outro dia a árvore estava completamente sem folhas. À tarde, ao pôr-do-sol, notei uma rachadura no tronco, perto da raiz. A rachadura foi aumentando rapidamente nos dias seguintes. Pedaços da casca começaram a se soltar.

A figueira branca estava morta.

Não tinha explicação. Não havia pragas, não faltava chuva, não faltava sol, a terra era boa. As mudas haviam sido plantadas fazia quase dois meses, pegaram bem, cresciam às mil maravilhas. Além disso, a poucos metros, a figueira da direita continuava com todo o esplendor de seu viço. Estranhíssimo...

Num dia de vento forte, aquele tronco rachado estalou, se partiu e foi ao chão.

Aos meus olhos de criança, parecia que a seiva que alimentara aquela árvore fora o puro Mistério. O Mistério a mantivera com vida e viço graças a uma mágica comunhão com meus sentimentos. Observando aqueles restos mortais, aqueles galhos retorcidos no chão, tive certeza: houve uma sintonia, uma comunicação que nascera numa noite enquanto eu vagava solitário pelo gramado, observando montes e estrelas, em busca do meu "ET".

Já que nenhuma criaturinha de Marte, Vênus ou qualquer outro planeta se compadecia de mim e vinha ser meu amigo, *ela* tivera compaixão, enquanto eu passava várias vezes sob sua copa, às vezes roçando de leve suas folhas. Criou afeição por mim. Resolveu projetar sua sombra distorcida na parede de casa. Foi algo mais que um simples acaso de luzes e ângulos. Por *vontade própria*, ela seria o meu "ET". E de fato, por mais de um mês, eu *tive* o meu "ET". Quando o Mistério acabou, ela *se deixou secar, se deixou morrer*.

Mas essas idéias eram coisas de criança que, doente da vida

da cidade grande, quando ia passar férias no campo se sentia em um mundo tão mágico e espantoso, que chegava a acreditar que pudesse haver quase uma telepatia entre ela e... uma árvore! Essa criança desapareceu, por muito tempo... Parecia ter secado como a árvore. Por muitos anos não se soube nada dela.

Mas para minha sorte e *salvação*, graças a fatos maravilhosamente assombrosos, dos quais falará este livro, um dia a criança voltou.

Voltou, comprovou algumas coisas, descobriu outras mais.

Comprovou que é possível entrar em Comunhão e Sintonia com tudo que é *coisa*, e como coisa se entende aqui tudo que a imaginação é capaz de conceber. *Coisa* pode ser uma árvore. *Coisa* pode ser uma pedra. Diz a História que Michelangelo, quando esculpia em pedra, perguntava antes: "Pedra, que forma queres tomar?" A pedra fazia com que ele soubesse, e juntos, artista e pedra, *em Sintonia*, criavam a *obra*. (Michelangelo dizia que, orientado pela pedra, apenas tirava o que estava sobrando.)

Coisa pode também ser uma máquina, uma flor, um animal, uma pessoa, um evento.

Coisa pode ser Deus.

Hoje, passados mais de vinte anos do episódio da "Figueira Mágica", não restou dela nenhum vestígio físico. Mas sua colega, a figueira da direita, está gigantesca, o tronco mede quase quatro metros de circunferência e uns doze metros de altura. Porém, curiosamente, de uns anos para cá, só cresce para a esquerda. Chega a ficar esquisita a copa crescida toda para um lado.

Aos meus olhos de criança, parece que vai crescendo só para um lado por saudade de sua colega, a figueira da esquerda, a árvore mágica dos meus dez anos. A primeira a me ensinar que tudo que existe, existe em Interdependência, Conexão e Sintonia. Tudo está ligado por infinitos fios mágicos de uma vasta e misteriosa rede.

Silêncio! Escute...

Pode ouvir a Sintonia?

SINTONIA

"Tempo e espaço são modos de pensar, e não condições de vida."

(Albert Einstein)

Por telefone

Certa noite, fui dormir pensando que precisava falar algo urgente à minha mãe. Não conseguia recordar o que era.

Tentei me lembrar por um bom tempo, mas o sono me venceu. Enfim adormeci.

Na manhã seguinte, mais ou menos às sete e meia, toca o telefone. Era minha mãe. O que se seguiu foi um diálogo no mínimo estranho.

"Oi, fala...", disse ela.

"Fala o quê?", respondi, ainda meio dormindo. "Você é que está ligando para mim."

"Você não acabou de ligar aqui?"

"*Eu???* Eu estava dormindo, acordei agora com o telefone tocando."

Nenhum de nós dois estava entendendo nada.

"Leo, você acabou de me ligar. Disse: 'Mãe, liga pra mim' e desligou. Eu estou ligando, ué!"

"Mãe, eu não te liguei..."

"Era a sua voz, eu tenho *certeza*. E falou 'mãe'. Ou eu tenho outro filho e não sei?"

Minutos depois, desligamos, ainda um pouco confusos.

Então, lembrei-me de que na véspera havia ido dormir com a sensação de que tinha algo a falar com minha mãe, mas dormira sem me lembrar do que era. Agora me recordava. Liguei outra vez, disse o que precisava (a vacinação dos nossos cachorros havia vencido na semana anterior) e desliguei.

E só então, depois de dado o recado, é que percebi o que acontecera. Eu havia feito aquela ligação, às sete e meia daquela manhã, *telecineticamente*. Não fui eu "em carne e osso" quem fez a chamada, mas puramente a minha vontade.

Apenas minha vontade havia feito com que o telefone de minha mãe tocasse e que ela ouvisse minha voz pedindo que me ligasse.

Eu disse que quando desligamos pela primeira vez estávamos *um pouco* confusos. Ora, numa situação como essa, creio que a maioria das pessoas ficaria não *um pouco*, mas *bastante* confusa. Mas não minha mãe, nem eu.

Só para dar outro exemplo relacionado a ligações telefônicas, cito as mensagens que minha mãe deixava na secretária eletrônica.

Ela deixava mensagens — em média duas por semana — quase sempre quando ligava para mim e eu ainda estava dormindo. Costumo desligar o telefone da tomada quando vou dormir, e só volto a ligar pela manhã. Assim, normalmente o telefone fica desligado até que eu acorde, mas a secretária eletrônica armazena os recados.

Pois bem. Até hoje, não houve uma única vez em que ela tivesse deixado um recado sem que eu soubesse antes. Em *todas* as vezes, eu sonhava com sua voz dizendo: "Leo, quando acordar, verifique sua caixa postal. Eu deixei um recado".

Nunca sonhei com esta "pré-mensagem" sem que minha mãe efetivamente houvesse deixado uma mensagem. Também *nunca* deixei de escutar a pré-mensagem durante o sono nos dias em que minha mãe deixava mensagens.

Hoje em dia, esse tipo de sincronicidade pouco surpreende a mim, à minha mãe ou a outras pessoas que me conhecem bem. Chegam quase a ser banais se comparadas com certas incursões a outros mundos que atualmente passaram a fazer parte da minha rotina.

Nem sempre foi assim.

O processo foi gradual.

Vou tentar, da melhor forma possível, contar como tudo ocorreu.

"Tudo aquilo que vemos
não é nada mais que
um sonho dentro de outro sonho."

(Edgar Allan Poe)

O SONHADOR

A iniciação

Tudo começou com meus sonhos. Em meados de 1997, tomado por uma súbita vontade de me tornar um escritor, devido a fatos que explicarei no próximo capítulo, comecei a manter um hábito: anotar meus sonhos. Um dia, li não sei onde que grandes escritores, como Dostoiévski, Goethe e Poe, anotavam seus sonhos para depois utilizá-los como matéria-prima de seus contos e romances.

Convencido do potencial criativo dos sonhos, comecei a registrar os meus. Lembro-me de um dos primeiros que anotei. Tamanha impressão esse sonho causou em mim, que decidi, imediatamente, transformá-lo em conto. O que o diferenciava dos outros é que neste sonho *eu* era meu avô sonhando, e, mais estranho ainda, *sonhando com alguém que sonhava com ele!* Espero não estar complicando, mas em resumo eu sonhava ser meu avô, sonhando com outra pessoa — o "homem misterioso" —, e essa pessoa por sua vez sonhava com ele (novamente meu avô).

Ao torná-lo um conto, escrevi como se estivesse na pele de meu avô, e dei ao texto o título "O Sonhador". Eis o conto que escrevi, logo ao despertar, na manhã de 22 de julho de 1997:

Estou com medo. Um medo bastante vago, mas ao mesmo tempo específico: medo de sumir, virar nada. O absoluto e assustador *Nada*.

Não sei como chamar o estado em que me encontro. Subconsciência? Sonho? Alucinação?

A única coisa que sei é que minha memória ainda está preservada, e só quando a uso percebo que continuo sendo um pouco alguma coisa, um pouco menos "nada".

Estou com medo. Vou tentar mais uma vez me lembrar do que aconteceu, para ver se já não sumi um pouco mais. Tomara que eu consiga. É que agora mesmo eu disse que minha memória estava preservada, mas corrijo: *parcialmente* preservada. Funciona em fluxos e refluxos, porém cada vez mais débil, como um coração ainda batendo, mas com força e freqüência minguando, no peito de um animal abatido.

Bem, não custa tentar.

Vamos ver...

Morri hoje, perto das três da tarde, aos setenta e nove anos. Queria tanto ter completado os oitenta redondos! Agora, já não sei se "morri" é o termo certo para o que aconteceu comigo, pois sempre achei que depois da Morte me fossem ser revelados *mistérios*. Vários mistérios. Mas, bem ao contrário, estou não sei onde, pensando não sei como, sem saber o que sou neste momento e, o que mais me assusta, sem saber se realmente já fui algo, ou melhor, sem saber se fui o que sempre acreditei ser. Resumindo: *não sei mais nada!*

Pensando bem (como se eu ainda fosse capaz!), de uma coisa ainda sei. A única certeza que me resta é que toda esta confusão tem relação com *ele*.

Aquele, que eu sempre conheci, mas nunca vi o rosto.

Ele sempre me aparecia em sonhos. O primeiro dos quais me lembro aconteceu quando eu tinha o quê? Quatro, talvez cinco anos.

Eu abria uma porta e entrava num quarto coberto pela penumbra. E, então, lá estava *ele*, sempre dormindo, de costas para mim, numa cama encostada à parede, de modo que eu nunca conseguia ver seu rosto. Às vezes eu tinha esse sonho por várias noites consecutivas. Às vezes, passavam-se meses sem que o tivesse.

Aos quinze anos, durante um desses sonhos, ao entrar no quarto percebi que o misterioso homem sussurrava algo, e ao me aproximar escutei com clareza: "Mario, Mario..." Ele sabia meu nome, e sonhava comigo. *Meu sonho sonhava comigo!* Como era estranho...

Com o passar do tempo, os sonhos foram ficando mais esparsos, e o homem enigmático chegou, uma vez, a ficar quase dez anos sem se manifestar. Mas eu sempre tinha a sensação de que esse afastamento era temporário. E realmente, até o final da minha vida, os sonhos continuaram. Repetiam-se a espaços de tempo irregulares e completamente imprevisíveis. Porém, uma coisa começou a me intrigar: a cada novo sonho eu precisava fazer mais força para abrir aquela porta, como se ela estivesse ficando emperrada. Até que começou a ranger, e rangia mais a cada sonho.

Uma vez (não me lembro exatamente que idade tinha na época, mas como já haviam nascido dois de meus três netos, deve ter sido por volta dos sessenta), quando fui abrir a porta, reparei que nela havia um bilhete:

Mario,

Tome muito cuidado ao entrar. Não faça o menor barulho. Eu ainda não posso acordar.

Dessa vez, não entrei. Tive medo. Sabia que a porta iria ranger mais alto e ele acordaria. Na verdade, nunca mais tive coragem de abrir aquela porta.

No entanto, ainda voltei a entrar naquele quarto. Como, se acabei de dizer que nunca mais abri a porta? Simples: a porta estava aberta. Foi o último dos sonhos. Pela primeira vez, esse ser misterioso não estava sonhando. Estava sentado na cama, virado para mim, mas uma luz ofuscante na altura de seu rosto impedia que eu visse suas feições. Quem era ele, afinal? Fiquei parado, hesitante, e de repente ele diz: "Entra, Mario! Acabei de sonhar com você."

Reparei logo que o que ele dissera permitia duas interpretações. Uma era *Sonhei com você agora mesmo*. A outra, *Meu sonho com você acabou*. Tive medo desta última, pois entendi que significava, de alguma forma, o meu fim.

E é o que parece que aconteceu.

Depois desse sonho tudo ficou confuso, e aqui (onde?) estou "eu", reduzido a um amontoado incorpóreo de dúvidas. Começo a achar que nunca fui nada mais que um sonho desse ser enigmático. Quem sabe se não somos todos sonhos, mais elaborados e sofisticados, de uma casta superior? Talvez a maioria de nossos próprios sonhos pareça confusa por ser justamente isto: sonhos sonhados por outros sonhos. *Nós*.

Como eu queria ter certezas agora! Será que morrer é só isso? *É isso* o "outro lado"? Que decepção... Como gostaria de reencontrar aquele misterioso sonhador! Tenho certeza de que ele poderia me esclarecer alguma coisa. Mas onde existe esse homem? Estará sonhando de novo? E com quem, desta vez?

Minha principal dúvida é justamente aquela que pressinto nunca poder desvendar.

Como um último e único desejo *post-mortem*, para esclarecer essa dúvida, creio que até mesmo ficaria conformado em tornar-me instantaneamente "nada".

Apenas uma resposta, e resignado, não desejaria mais coisa alguma. Acho que já atingi meu limite de suportar tanto mistério, tanta bruma...

Só uma resposta, nada mais.

Quem é *ele?*

Quem é, afinal, este que me sonhou?

Fim

Semanas depois, perguntei à minha avó se meu avô já tivera algum sonho parecido. Ela sabia de todos os sonhos dele, pois como ela nunca conseguia recordar os próprios sonhos (o último de que ela se lembrava fora aos dezesseis anos, no qual era picada por uma cobra), meu avô achava que devia contar a ela, religiosamente todas as manhãs, os sonhos dele, para assim suprir em parte o que ele considerava nela uma "deficiência onírica".

Pois bem, quando perguntei se ela se lembrava de meu avô Mario já ter tido um sonho semelhante, a resposta foi surpreendente: "É claro que me lembro! Como poderia me esquecer do último sonho do seu avô, *do sonho que ele teve horas antes de morrer?*"

Procurei em livros e na Internet sobre experiências de pessoas compartilhando um mesmo sonho. Descobri o chamado "sonho mútuo", em que duas pessoas têm o mesmo sonho, *porém* ao mesmo tempo. Meu sonho era diferente, pois eu o havia sonhado em 1997, e meu avô o sonhara cerca de seis anos antes, em 1991, no dia exato de sua morte.

Desde então, comecei a perceber que, por detrás dos sonhos, poderia haver muito mais do que mera matéria-prima para escritores.

Além da fonte de criatividade, existiria a fonte de algo maior, muito maior.

ENCRUZILHADA

"Qualquer caminho
que não seja o vosso será fatal.
Mantende-vos, portanto,
em vosso próprio trajeto."

(Henry David Thoreau)

Ser ou não ser...

Em abril de 1997, eu me encontrava no que se costuma chamar de "encruzilhada". Na verdade ela vinha de longe. Precisamente, de dois anos antes, quando numa escadaria da universidade vi o anúncio de um concurso literário, aberto a alunos de todas as áreas. Eu cursava Veterinária e, apesar de nunca ter escrito nada além de redações escolares, pensei: "Por que não?" Meu motivo? O prêmio, claro. Na improvável eventualidade de ganhar entre o primeiro e o terceiro lugares, eu teria 50% de desconto nas mensalidades durante um ano, e era isso o que me animava a escrever. Nunca tivera, até então, pretensões literárias. O dinheiro — era só o que eu queria.

Mandei meu conto, o primeiro que escrevi na vida, e eis que esse primogênito mal-acabado, feito sem tempo nem paciência, ganha o primeiro lugar. Concorri com centenas de estudantes de Letras, Jornalismo, Direito — áreas das quais eu julgava que, com muito mais probabilidade, sairia o primeiro lugar. Estava enganado. Eu, um estudante de *Veterinária*, ganhara o primeiro prêmio. Foi totalmente inesperado, não só para mim; para todos. O resultado, além do desconto de 50% por um ano, foi que eu pus na cabeça que meu futuro era ser um escritor de sucesso *mundial*.

Jorge Amado, Guimarães Rosa... *Pouco* para mim. Queria que, se no futuro, um repórter fosse, digamos, à Patagônia, ao Camboja ou à Sibéria e perguntasse a cem pessoas se elas conheciam o escritor brasileiro Leonardo Rásica, *todas* responderiam: "Claro! Como não?" Alguns entrevistados pensariam se tratar de uma piada, uma "pegadinha". Afinal, *como seria possível* alguém não conhecer Leonardo Rásica? De chineses a uzbeques a lapões, todos iriam correndo a escolas de idiomas, onde aprenderiam português *para me ler no original*. Afinal, tradução não é a mesma coisa.

Tais eram meus quase psicóticos delírios em meados de 1995.

Comecei a escrever nas horas vagas, com tamanhas ambição e afobação, que, mal terminava um texto, nem mesmo o relia; tratava de procurar algum escritor, algum intelectual, alguém grande *do ramo* que pudesse dar sua opinião. Foi assim que conheci Hilda Hilst, Lygia Fagundes Telles, Maria Adelaide Amaral e o psicanalista Ângelo Gaiarsa, cuja área não era exatamente literatura, mas escreveu vários livros e em seu programa de TV me passava a visão arquetípica do "velho sábio".

Com Ângelo Gaiarsa e Hilda Hilst foi fácil. Procurei seus nomes na lista telefônica e liguei. Maria Adelaide é mãe de um conhecido meu, porém ela mesma não me conhecia. O filho me disse que, além de estar escrevendo a novela das oito da Globo (se não me engano, era "A Próxima Vítima", em parceria com Sílvio de Abreu), ela não fazia esse tipo de favor nem aos mais chegados. Sua advertência foi em vão. Lygia Fagundes Telles conheci através de Hilda, eram amigas dos tempos da faculdade de Direito, que ambas cursaram.

A todos impingi meus textos. Menos a Lygia. Quando consegui falar com ela, deixei sobressair o lado "fã". Pedi que autografasse cinco livros para minha mãe, que fazia aniversário. (Anos depois, eu faria um pedido semelhante a Caetano Veloso, em plena praia de Ipanema. O que eu economizei em presentes de aniversário para minha mãe não foi brincadeira.) Pedi a Lygia que não esquecesse de escrever, em cada livro, um "Feliz Aniversário!" Ela escreveu dedicatórias imensas e deu mais três livros de presente, também devidamente autografados e sem faltar o "Feliz Aniversário!" Depois de tudo isso, achei demais pedir ainda que ela lesse um calhamaço de textos. Já havia feito bastante. *Às vezes* eu ainda tinha um certo senso de medidas.

A Maria Adelaide telefonei, me apresentei, não conversamos muito. Ela disse que estava *ocupadíssima* com a novela. Eu simplesmente "comuniquei" que deixaria uns textos em sua portaria para que ela lesse. Ela respondeu que não costumava fazer isso para ninguém, mas não disse objetivamente nem sim nem não. Pareceu mais um não. Mesmo assim, na mesma tarde, deixei um envelope gordo, cheio de textos, em sua portaria. Pouco antes de deixar o envelope, eu lia, no barbeiro, uma revista de novelas. Um colunista escrevera uma nota sobre ela. Lembro-me de palavras como "temperamento terrível" e "mau gênio". A coluna terminava assim: "Maria Adelaide Amaral é uma pessoa difícil".

Por tudo isto, hoje me espanta minha total ausência de surpresa quando, dias depois, me liga Guilherme, filho de Maria Adelaide, e diz: "Minha mãe quer falar com você". Vem ela ao telefone, diz que leu todos os textos, que eram muito bons, que sentia que "vinham do coração", que eu tinha "muito talento" e se continuasse firme teria sucesso. Querendo retribuir a gentileza, fui algumas vezes à sua casa vacinar seus gatos. Uma vez almoçamos juntos. Ela disse que eu seria sempre bem-vindo, que viesse quando quisesse... *Nunca* percebi o menor vestígio da assustadora "pessoa difícil" de que falava o colunista ressentido.

Ângelo Gaiarsa, ocupadíssimo também, leu alguns dos textos que deixei com sua secretária Jô. Consegui uma consulta informal, pela metade do preço. Na verdade foi uma entrevista. Eu o entrevistava e o tema era eu. Além dos textos, levei desenhos meus para ele analisar. Passei mais de uma hora pedindo opiniões sobre meus textos, desenhos, "meu talento", enfim. Não admira que depois de tudo isso ele tenha se levantado para dizer, educado, mas levemente irritado: "Olha, estamos aqui há uma hora e vinte; eu preciso de tempo para mim também". Abriu-me a porta do consultório dizendo que eu estava "sugando suas energias" (!!!). Apesar da vampiresca acusação, ainda tomei café e biscoitos com ele e sua namorada, o que me rendeu mais vinte minutos de "consulta". Antes de finalmente deixá-los, pedi que ele escrevesse uma dedicatória à minha mãe em seu livro "Poder e Prazer". "*Para Fátima, do seu velho amigo Gaiarsa.*"

Para Hilda Hilst, após uma conversa por telefone, mandei meus textos pelo correio, junto com meu número de telefone. Duas semanas depois, num domingo à tarde, ela me liga. Conversamos bastante e descobrimos que a chácara onde ela morava estava bem no meio do caminho para o meu sítio. Na época eu morava em São Paulo e ia para o sítio todos os finais de semana, passando sem saber por sua "Casa do Sol". Passei a visitá-la sempre, ficamos amigos. Ela até me convidou para morar em sua casa quando eu terminasse a faculdade, mas acabei indo para a Europa. Conforme nos tornamos amigos, passamos a conversar menos sobre literatura e mais sobre outras coisas (por exemplo: seus, naquela época, *noventa* cachorros), mas no começo eu tinha muito interesse em sua opinião sobre meus textos. Ela, sem grande entusiasmo, dizia: "É, são bons, são bons...", fazia alguma ressalva, dizia que estava tudo muito "certinho", "comportado". Até que um dia, falando baixo, quase num segredo, ela revelou: "Acho que você vai ser um escritor de sucesso".

"Também acho", pensei, sem um pingo de modéstia.

Essa era minha *encruzilhada*.

Por um lado, uma carreira, na medida do possível, estável, "normal", aparentemente *coerente com minha vontade desde a infância* — aos cinco anos eu já dizia que seria veterinário. Por outro lado, o charme, o glamour, a glória de ser um escritor *famosíssimo* — porque na minha cabeça só existia opção entre o veterinário e o *escritor famosíssimo*. Jamais cogitei o escritor apenas conhecido, *mais ou menos famoso*. Se fosse para ser escritor, o adjetivo grandioso obrigatoriamente viria junto. Famosíssimo — nada menos.

Porém, eu começava a perceber, pela pequena convivência nesse meio, que a vida de escritor é dura; e, no Brasil, duríssima. Não ter horários rígidos, não ter cobrança de patrão — parece bom, parece ótimo. Só que o escritor acaba cobrando de si mil vezes mais que o pior e mais sádico patrão exigiria de seu empregado, mais que o feitor da "Escrava Isaura", de chibata na mão, exigia de seus escravos. E, se não se exige tanto, sente-se um inútil, um vagabundo, é esmagado por culpas imensas, cósmicas.

E eu justamente começava a perceber em mim, apesar da ardente vontade e de um possível talento, a falta de vocação. Cada vez mais eu achava chato escrever. Hilda me dizia: "Para o escritor de verdade, escrever é uma compulsão, ele *precisa* escrever todos os dias!" Eu não tinha essa compulsão — tinha preguiça. Passei a escrever *para não desperdiçar talento*, *para não desperdiçar elogios* de tanta gente tarimbada.

Ser veterinário me parecia mais "relax", mais higiênico mentalmente, porém extremamente sem graça e medíocre quando eu pensava na glória do *escritor famosíssimo*. Mas existiria de verdade essa glória? Começavam a me atormentar as *dúvidas cruéis*. Por que Hilda era cem vezes mais rica antes de começar a escrever para valer? Por que Lygia, uma *imortal*, precisava ainda ir e voltar do Rio, de ônibus, num mesmo final de semana, com mais de 70 anos, para ganhar, como ela me dizia, umas "dinheirocas"? E meus cinco anos de faculdade, e as mensalidades caríssimas pagas por minha avó? E a criança que eu havia sido, que sempre quisera ser veterinário? Eu não ficaria devendo nada a ela? Essa criança não continuaria para sempre dentro de mim, chutando minha barriga, me impedindo de ser feliz? Será que se vingaria de mim a criança que eu havia sido?

E assim, sem saber para onde ir, eu me encontrava em meados de 1997.

Foi quando me lembrei de que na minha família, quatro gerações atrás, já houvera um escritor, e dos bons. Seu nome era Carlos Ferreira.

....

Foi então que começaram as *"estranhas coincidências"*.

....

Antes de falar sobre elas, uma pausa para um breve resumo sobre a vida do escritor, poeta, dramaturgo, jornalista e professor Carlos Ferreira, meu trisavô.

"O que sei é que naquela soberba fronte,
coberta por cabelos alvos,
havia um mundo de inspirações sublimes que
a fatalidade da sorte não deixou que se expandissem;
e naquele peito de velho pulsava um coração
adoravelmente juvenil, que a mão da desventura esmagou,
entre as mais cruciantes dores."

(Carlos Ferreira)

CARLOS FERREIRA

O poeta e o imperador

Carlos Augusto Ferreira, meu trisavô pelo lado materno, nasceu a 26 de outubro de 1846, em Porto Alegre.

Aos 14 anos começou a escrever poesia, coisa que escondia de um tio que lhe dizia, com áspero desgosto, que "o destino do poeta é acabar ou no albergue de mendigos ou no de loucos". Ele não desistiu. Pelo contrário. Em pouco tempo era conhecido na cidade por sua poesia.

Em 1865 o Brasil estava em guerra com o Paraguai. Quando nosso país foi invadido, o imperador D. Pedro II deixou o Rio com destino à cidade de Uruguaiana, ocupada pelo exército paraguaio. Em poucos dias D. Pedro chegou a Porto Alegre, de onde partiu para Uruguaiana. Dois meses depois, regressou a Porto Alegre. O inimigo havia sido derrotado e o imperador foi recebido pelo povo como um deus. A municipalidade de Porto Alegre lhe oferece um baile no Teatro São Pedro.

Carlos Ferreira é procurado por um famoso ator dramático daquele tempo, que lhe pede para escrever uns versos que deveriam ser recitados no baile, em homenagem a D. Pedro. Ele se recusou, alegando não ter competência nem inspiração para escrever versos ao imperador. Mas foi tanta a insistência, que, para se livrar logo do indesejado encargo, rabiscou algumas linhas e entregou ao ator. E não pensou mais no assunto.

Na noite do baile, meia-noite mais ou menos, dois homens batem à porta de Carlos Ferreira, procurando por ele. A família não sabia da poesia, e ignorando o motivo de estarem ali aqueles homens tão imponentemente vestidos, as mulheres da casa começaram a chorar, supondo que se tratasse de uma ordem de prisão.

Mas tudo foi logo esclarecido. Os homens eram o senador Cruz Jobim e o jornalista Ignácio de Vasconcellos. O senador disse que Sua Majestade queria conhecer Carlos Ferreira. Meu trisavô ficou espantadíssimo quando soube o motivo: a poesia, rabiscada displicentemente dias antes, havia sido um sucesso estrondoso no baile. Vestiu às pressas um sobretudo enorme, "notavelmente impróprio de ocasiões solenes" — como escreveria em suas memórias —, e dez minutos depois estava no baile, diante de D. Pedro II e de uma multidão elegante que o olhava com curiosidade, como se ele fosse "um animal raro, trazido ao baile como mera diversão da festa". Após alguns minutos de perguntas e rápida conversa, D. Pedro o convidou a estar na manhã seguinte, às oito horas, no Palácio da Presidência, onde estava hospedado.

À hora combinada, os dois se encontraram, e, depois de conversarem um pouco sobre literatura, D. Pedro ofereceu a meu trisavô uma mesada para que ele pudesse ir estudar em São Paulo ou no Rio. A escolha foi São Paulo, para onde veio em junho de 1866. Fez matrícula na Academia Paulista de Direito do Largo São Francisco. Morava na Rua Riachuelo com outro rapaz de Porto Alegre. Mais tarde veio morar com eles o poeta Castro Alves, recém-chegado da Bahia. Viviam os três num quarto-e-sala, freqüentado também por Fagundes Varella, Américo de Campos e Brasílio Machado. Passavam as noites recitando versos, apesar de serem, ao menos na intenção, futuros advogados.

Carlos Ferreira (como Castro Alves e Fagundes Varella) resolveu trocar o curso de Direito pela prática do Jornalismo (e apenas de prática se tratava, já que naquele tempo não havia cursos de Jornalismo, como hoje). Após alguns anos, tornou-se redator-chefe do "Correio Paulistano". Em 1876, foi morar em Campinas, onde foi redator-chefe da "Gazeta de Campinas". No ano seguinte comprou a "Gazeta" em sociedade com o jornalista e político Alfredo Pujol. Passou a orientar campanhas abolicionistas e republicanas, tirando várias vezes, para isso, dinheiro do próprio bolso. Entre os colaboradores do jornal que lutavam pela Abolição e pela República estavam Campos Salles, Quirino dos Santos, o general Francisco Glicério e Brasílio Machado, entre outros. Hoje é tudo nome de rua.

Foi na "Gazeta de Campinas", sob direção do meu trisavô,

Meu trisavô Carlos Ferreira, aos 35 anos, em um retrato de 1881.

que Júlio Mesquita, fundador de "O Estado de S. Paulo", se iniciou no Jornalismo. Deixando a "Gazeta", Mesquita veio a São Paulo para trabalhar no jornal "Província de São Paulo". Fez carreira fulminante e acabou mais tarde comprando o jornal, mudando o nome para "O Estado de S. Paulo". Até hoje o "Estadão" é dirigido por descendentes de Júlio Mesquita.

Voltando à "Gazeta de Campinas". A campanha deu certo. A Abolição veio em 1888 e a República no ano seguinte, em parte graças ao empenho da "Gazeta". Com a missão cumprida, o grupo se dispersou. Francisco Glicério e Campos Salles foram para o Rio compor o Governo Provisório. Campos Salles ficou com o Ministério da Justiça, Francisco Glicério com o da Agricultura.

Anos depois, Campos Salles seria candidato à Presidência da República, confiando a Carlos Ferreira a redação da plataforma presidencial. Campos Salles ganhou a eleição (foi nosso terceiro presidente da República) e Carlos Ferreira foi incluído na chapa de candidatos à Assembléia Estadual. Havendo necessidade de modificar a chapa, Campos Salles riscou o nome do amigo na última hora, sem consultá-lo, ou avisá-lo pelo menos.

Traído e desnorteado, Carlos Ferreira iniciou uma ziguezagueante peregrinação. Cultivou café em Pedreira, onde mais tarde fundou o Colégio Santana. Voltou a Campinas, onde foi tabelião. Anos depois, em Amparo, comprou o Colégio Benjamim Constant, cujo nome mudou para Instituto Carlos Ferreira. Em 1903, nessa mesma cidade, ele fundaria o Grêmio Literário Carlos Ferreira, na casa onde hoje funciona a Biblioteca Pública Municipal Carlos Ferreira.

Continuou escrevendo, principalmente artigos para "O Estado de S. Paulo", "Correio Paulistano" e "O País", além de peças teatrais, como "O Marido da Doida", um caso de adultério justificado pela neurose. O tema era tão escandaloso para a época, que um espectador morreu de enfarte em pleno teatro, na noite de estréia, no momento em que é revelado o adultério.

Carlos Ferreira não seria o mesmo depois da traição de Campos Salles. (Por sinal, ao escrever justamente este capítulo, recebo pelo correio a revista "IstoÉ", com um encarte em que aparece Campos Salles como um dos "Estadistas do Século".) Em 1900 adoeceu, com uma polineurite que causava dores lancinantes.

Hemiplégico e atacado por tremores convulsivos, não perdeu a "verve" literária. Ditava textos para que os filhos escrevessem. O último livro foi publicado em 1910.

Em 1913, literalmente carregado, viajou ao Rio. Sentia a morte chegando e queria rever os irmãos que moravam ali. A viagem foi extremamente debilitante e seu estado se agravou rapidamente. Morreu a 12 de fevereiro de 1913, numa casa humilde do Méier. Está enterrado no cemitério carioca de São Francisco Xavier.

No mesmo ano morreria também o "amigo", ex-presidente da República e "Estadista do Século", Manuel de Campos Salles.

Esquecido, traído por companheiros políticos, decepcionado, empobrecido (em suas aventuras políticas e literárias, ele acabou torrando três fazendas, obtidas em seu casamento com minha rica trisavó, equivalentes a algumas centenas de alqueires, e que englobavam mais de três municípios), Carlos Ferreira morreu acreditando na bondade do ser humano. No leito de morte, com os filhos ao redor, sussurrou: "Há ainda por aí, no fundo de alguns, alguma coisa de bom e inofensivo..." Fez uma pausa, tomou ar, murmurou: "Santos mistérios!" E morreu.

Até por mim, seu descendente, Carlos Ferreira esteve por toda uma eternidade esquecido. Ou pior — ignorado.

Mas, em abril de 1997, nossas vidas se cruzaram.

"Os milagres não ocorrem
em contradição com a Natureza.
Apenas contradizem
o que sabemos sobre a Natureza."

(Santo Agostinho)

AMPARO

O nome

Conforme dizia, eu estava empacado como uma mula que de repente é surpreendida por um caminho que se divide em dois: o da Veterinária e o da Literatura.

Já mencionei a Biblioteca Carlos Ferreira, em Amparo. Coincidência (?) ou não, a cidade de Amparo fica a poucos quilômetros de meu sítio; uns vinte minutos de carro. Inexplicavelmente, eu nunca fora à biblioteca, que possui em seu acervo livros, manuscritos e até objetos pessoais de meu trisavô.

Porém, do estado nebuloso de dúvida em que eu me encontrava, surgiu um pressentimento, quase uma certeza. Naquela biblioteca, entre os escritos de Carlos Ferreira, eu encontraria resposta ao meu dilema. Resolvi visitá-la.

Fui atendido por uma simpática senhora, que me trouxe uma pilha de livros e papéis — obras e manuscritos de Carlos Ferreira. O *sinal*, o *conselho* de meu antepassado estaria ali. Eu sentia. Buscava algo mágico e transcendente. Como aquele material não poderia sair da biblioteca sob nenhuma circunstância, eu não teria outro remédio a não ser folheá-lo ali, à procura do meu *sinal*.

Havia poesias, memórias, romances, crônicas, contos e até um livro didático usado por colégios no início do século XX. Interessei-me principalmente pelos manuscritos. Queria ver *sua letra*, decifrar seus rabiscos seguidos de correções, notas nas margens, ver essas coisas que, datadas de mais de um século, me pareciam escritas naquele mesmo dia.

De repente, folheando um livro de poesias, parei, mal acreditando no que meus olhos viam. Na margem direita de uma página, com a letra *dele*, estava *escrito o meu nome!* O mais misterioso: não havia nada que o conectasse às coisas escritas naquela página, nenhuma observação ou nota para o fato de o nome estar ali. *Todas* as outras notas de margem se relacionavam de alguma forma com os textos, ligadas por flechas ou asteriscos. Só meu nome estava lá inteiramente alienígena, completamente inexplicável. Ademais, *Leonardo* não era um nome comum na época, ao menos no Brasil. Em finais do século XIX, *Leonardo* equivaleria talvez a um *Bonifácio* ou uma *Carlota* atualmente. Raríssimo, em suma.

Depois disso não consegui me concentrar em mais nada. Mas meu "sinal" quis se fazer ainda mais manifesto e mandou um reforço. De dentro do livro, voou para o meu colo, como empurrada por um sopro do Além, uma página solta, onde se lia parte de um poema:

"Em tudo leio teu nome...
No céu, na terra, no alvor;
Das alvoradas que passam
Cantando lendas de amor

Teu nome é o hino dolente
Que foge languidamente
Da interminável torrente
Dos sonhos do Criador!..."

Teu nome... Que foge da torrente de sonhos do Criador... Meu nome... Eu sentia como se meu nome houvesse "fugido" para o passado, e ali se apresentado de forma sobrenatural a Carlos Ferreira. Talvez não só meu nome, mas também minha imagem, minha identidade, *tudo sobre mim*. Eu sentia que meu trisavô queria me comunicar algo.

O tempo voou naquela tarde, e a funcionária veio me avisar que a biblioteca estava fechando.

Ao sair, tive a idéia: iria a São Paulo e percorreria os "sebos" do Centro à procura de obras de Carlos Ferreira. Queria tê-las *para mim*, e não apenas folheá-las apressadamente em um banco de biblioteca.

Na estrada, voltando para o sítio, não pensava em outra coisa.

No dia seguinte fui a São Paulo.

"Os mártires do coração e das idéias
espatifam-se de encontro a abrolhos,
enquanto os perversos e os inconscientes
são levados em triunfo no dorso da onda mansa
que os ventos do destino insuflam.
Burlesco, e ao mesmo tempo sinistro!"

(Carlos Ferreira)

ORÁCULO

Morre-se de letras

Já havia quase terminado o último ano de faculdade; faltavam só alguns exames. Eu passava a maior parte do tempo no sítio, vinha a São Paulo só quando tinha prova. Dessa vez, porém, havia vindo só para vasculhar os sebos à procura de livros de Carlos Ferreira.

Em São Paulo eu morava na Rua Itacolomi, paralela à Avenida Angélica, no bairro de Higienópolis.

Numa crônica, Nelson Rodrigues diz que ninguém vê o óbvio. Exagera contando como um sujeito tem um ataque apoplético ao ver pela primeira vez na vida o Pão de Açúcar, após anos passando diante dele sem nunca enxergá-lo. Foi mais ou menos essa sensação que tive naquele dia.

Descendo a Avenida Angélica, de repente surge diante de mim uma casa grande, antiga, branca, um dos casarões do início do século XX que sobraram no bairro. Essa casa vendia, justamente, livros raros e antigos. Não é que eu nunca houvesse reparado *no sebo, no negócio*... Eu nunca havia visto *a casa!* Morava por ali desde que nascera e nunca vira aquela casa. E depois, como fiquei sabendo, o sebo já funcionava ali havia anos. Estranhíssimo...

Imediatamente fui até lá. Entrei *transportado, quase levitando*, na certeza de que encontraria algo de Carlos Ferreira. Comecei a perscrutar aquelas prateleiras empoeiradas, avidamente passando os dedos pelos sobrenomes — D, E, F, Fagundes, Fernandes, Ferreira... Carlos Ferreira! Um único livro, apenas um exemplar: *Feituras e Feições*. Mas seria, por enquanto, mais que suficiente. (Mais tarde, eu conseguiria outros três livros, mas em nenhum deles constatei a profusão de sinais e respostas que encontrei no *Feituras e Feições*.)

Li alguns trechos para me certificar de que era ele mesmo e não um homônimo. Com que emoção eu segurava aquele livro, caindo aos pedaços como uma rosa despetalada, impresso em Campinas, na "Typographia a vapôr Livro Azul", em 1905!

Paguei 25 reais pela relíquia, e, esquecendo uma visita a um amigo, voltamos para casa, o livro e eu. Lá abri suas primeiras páginas com o cuidado e a reverência de alguém que se dirige a um oráculo. Eu teria perguntas; meu antepassado teria respostas. Esta era minha sensação.

....

Eu não me enganara. Carlos Ferreira realmente tinha respostas para mim.

....

Página 9. Primeira crônica. Primeira resposta às minhas perguntas. Primeiro parágrafo:

"*Não se vive de letras no Brasil, morre-se de letras, como se morre de febres ou de um insulto apoplético, ou de inanição, ou de qualquer outra desgraça que ataque irremediavelmente as preciosas fontes de vida. Morre-se; e todavia os incautos que desejam viver delas, as pérfidas letras, posto saibam que a triste verdade é aquela, deixam-se arrastar pelo poder fatal de uma fascinação invencível que os leva pelo caminho da glória e dos aplausos ao inferno de padecimentos horríveis, ao cabo dos quais está a miséria e está a morte.*"

Outro parágrafo: "*Este ofício é diferente de todos os outros neste encantador país dos sonhos e das flores. É um ofício que só traz o infortúnio dos prejuízos, considerado pelos bem-aventurados do dinheiro como ocupação de vadios, pieguices de quem não tem nada que fazer, coisa inútil em suma. De maneira que, quem dispõe de um pouco de senso comum, quem segue à risca os ditames da prudência e da economia, não se abalança nunca em cavar a vida pela faina do chamado ofício literário, nem espera adquirir a espécie indispensável para o pagamento do aluguel da casa e do pão cotidiano por intermédio de suas lucubrações, sejam elas em verso ou em prosa, medíocres ou sublimes*".

Estas frases podem parecer o praguejar de um velho amargurado, traído na política, não alcançando na literatura a glória que almejava e já doente. Mas não é verdade. Basta considerar que depois desse livro ele ainda escreveu — ou ditou a seus filhos

– uma comédia teatral *(A Condessa)*, um livro de poesias em 1908 *(Plumas ao Vento)* e um livro didático em 1910 *(Rimas e Prosa)*.

Mas o oráculo tinha mais a dizer: "*Assim é que, uma vez feito o livro, tirada a edição de um ou dois milheiros, lá se vai por esse mundo afora, com os exemplares no baú, o arrojado operário da palavra escrita, a oferecer de porta em porta a sua mercadoria, acompanhado tudo isto de cartas particulares de recomendação, e de pedidos instantes dele próprio, quase de joelhos, quase em prantos. Mas, para fazer-se isto, para um homem tomar tal resolução, é preciso, em primeiro lugar, dispor de um temperamento excepcional, e em segundo, achar-se positivamente à beira do abismo dos desvarios*".

Meu oráculo ainda conta casos, dá exemplos, e acaba a crônica concluindo: "*Eis aí o que são no Brasil os editores e o que é o ofício das letras, este inferno!...*"

Eu tivera perguntas; Carlos Ferreira dera respostas, não só nessa, mas também em várias outras crônicas do livro. Ao despertar do dia seguinte uma resolução havia sido tomada, ou melhor, *havia se imposto a mim*.

A semente, o germe desta resolução, havia surgido uns dois anos antes, mas com o tempo ficara adormecida. É necessária aqui uma explicação para que se compreenda esta "semente".

Minha família paterna é de origem croata. Durante a Segunda Guerra, com nazistas e outros grupos extremistas, como *chetniks* e *ustashas*, massacrando o povo croata, e no pós-Guerra, com o comunismo dominando a Croácia, a família se dispersou pelo mundo. Meu avô veio para o Brasil, seus irmãos permaneceram na Europa. Devido a essa "diáspora", tenho parentes na Itália, Holanda, Áustria e na própria Croácia. Sempre quis conhecer esses parentes e, claro, também a Europa. Se havia um momento perfeito para fazer essa viagem, ele havia chegado. Terminado o último ano de faculdade, ainda não começara a trabalhar. Tinha algum dinheiro guardado. Parecia ideal para colocar minhas idéias no lugar.

Havia mais um motivo: o oráculo de Carlos Ferreira me parecera bastante claro quanto a escrever *no Brasil*. Também *no Brasil*, o campo de trabalho para veterinários não ia bem. *No Brasil*, para escritor ou para veterinário, o mar não estava para peixe.

Decidido a ir à Europa, começando pela Itália, eu pensava em talvez fazer uma pós-graduação em alguma área de Veterinária. Poderia até ficar por lá de vez.

Pouco antes da minha partida, Lygia Fagundes Telles me telefonou. Queria combinar uma visita a Hilda Hilst. Eu disse que não seria possível, pois em dois dias estaria indo para Milão (lá vive a maioria de meus parentes). Conversamos bastante e ela me contou que o Paulo Emilio Salles Gomes, escritor já falecido que fora seu marido, vivera anos na França. Ao voltar, escrevia melhor em francês do que em português. Esse detalhe da conversa abriu subitamente uma enorme janela de novas perspectivas. Jamais me passara pela cabeça ser escritor em outra língua. Lygia me deu essa idéia. Ao chegar à Europa eu pensava em me dedicar à Veterinária, mas nada me impedia de escrever nas horas vagas. Manter um pé em cada canoa.

Afinal, Carlos Ferreira havia sido bem claro: "*Não se vive de letras no Brasil, morre-se de letras...*"

No Brasil...

Nada mais me segurava aqui.

Assim, achando que ia descobrir a Europa, acabei descobrindo mundos jamais suspeitados por mim, mundos de cores voláteis, de luzes que se podem tocar, de sensações que têm aromas, sentimentos que têm gosto. Mundos outros.

VIRGÍNIA YELASKA

"Nunca pude crer que fôssemos totais;
o meio que nos envolve
é também um pouco de nós, seguramente.
Logo, devemos variar em alma
segundo os países que habitamos."

(Mário de Sá Carneiro)

Uma lápide sem nome

Em junho de 1998 cheguei a Milão.

Passei algumas semanas conhecendo os parentes, a cidade e alguns pontos de interesse na Lombardia. Minha avó, mãe de meu pai, estava na Áustria, na casa de sua irmã. Combinamos de nos encontrar em Milão. De lá fomos de trem, ônibus e navio até Dubrovnik, na Croácia, cidade natal de meu avô.

Dubrovnik é uma das cidades mais lindas que já vi. Não é à toa que é chamada de "Pérola do Adriático". Parte medieval, parte renascentista, cercada por altas muralhas, se estende sobre um cristalino Mar Adriático como se estivesse boiando. É considerada "Patrimônio da Humanidade" pela Unesco, tamanho seu conteúdo em beleza, cultura e importância histórica. Para cada pedra de pavimento ou telha a ser trocada, é necessária uma complicada autorização, para evitar que a antiga cidade se descaracterize. Por todo esse cuidado, quem vê a Dubrovnik de hoje está vendo a mesma Dubrovnik de vários séculos atrás, e isso não acontece apenas com trechos ou zonas da cidade, mas com ela inteira. Assim, uma ida a Dubrovnik é também uma viagem pelo túnel do tempo.

A razão dessa viagem obviamente não era apenas turística, mas também conhecer "minhas raízes", ou pelo menos parte delas. Além de meu avô ter nascido e se criado ali, foi numa praia de Dubrovnik onde ele e minha avó se conheceram (ela era austríaca, mas veio ainda criança à Croácia). Casaram-se e viveram em Dubrovnik, até que chegou a Guerra.

Meus avós tiveram que deixar o país às pressas, perseguidos pelos mais diversos grupos, de *ustashas* a *chetniks* a *partisans*, por motivos que só faziam sentido aos próprios grupos, na ideologia caótica e paranóica de suas guerrilhas. Só puderam respirar um pouco quando ultrapassaram a fronteira com a Itália e chegaram a Trieste. Mas inclusive ali a situação era de perigo, e eles decidiram se afastar ao máximo da fronteira. Minha avó estava grávida de seis meses. O palacete de Dubrovnik, uma *villa* pertencente à família desde o século XV, estaleiros e navios ao longo da costa adriática, o banco que meu bisavô fundara duas décadas antes, tudo foi abocanhado e esfacelado pelo regime do ditador comunista Josip Broz Tito.

A família se dispersou pela Europa. Meus avós, providos de passaportes de refugiados de guerra, arranjados pela Cruz Vermelha, de Trieste foram para Gênova, onde nasceu meu pai. Mais tarde, vieram para o Brasil. A América, ainda que fosse a do Sul, parecia naquele momento mais promissora que a Europa do pós-guerra.

Quanto à Croácia, Tito venceu e implantou ali, com mão de ferro, seu regime comunista. Manteve-se no poder até sua morte, em maio de 1980. O palacete da família foi, sucessivamente, quartel do exército dos *partisans* (durante a Guerra já havia sido ocupado por nazistas e fascistas), prisão política e, mais tarde, com as coisas menos agitadas, hotel de luxo e depois Albergue da Juventude. Foi como Albergue que meu avô reviu, pela primeira e última vez na vida, o Solar Rásica, como era chamado. Quarenta anos após deixar o lugar que mais amara, ali estava ele outra vez, em 1986. Aos setenta e cinco anos, chorava como uma criança, agarrado às colunas de mármore do que antes fora o jardim e agora era um amontoado de quiosques que vendiam bugigangas para turistas. Com o fim do comunismo, minha família não obteve nenhuma devolução, indenização, nada... Só promessas das mais vagas possíveis. O Solar Rásica, quando o vi em 1998, estava há anos vazio e sem cuidados, todo cercado por correntes, cadeados e arame farpado.

Ao final da minha estadia de quase um mês em Dubrovnik, minha avó decidiu visitar o túmulo de sua sogra, minha bisavó Virgínia. Tomamos um táxi e a uns vinte quilômetros da cidade paramos num cemitério minúsculo, rodeado por um denso bosque de ciprestes. As lápides — umas cinqüenta ou sessenta — eram antigas, várias delas com as inscrições já bastante apagadas pela intempérie, falta de cuidados e sobretudo pela grossa camada de limo que crescia sobre elas. Entre vários túmulos crescia mato. Das lápides em que ainda se podia ler algo, a inscrição mais recente era de 1941. Virgínia morrera em 1937.

Aquilo me parecia o cemitério de um cemitério, se isto é possível.

Começamos a procurar pelo túmulo de Virgínia, enquanto o motorista cochilava, esperando por nós.

De repente, experimentei outra vez o que sentira no sebo onde achara o livro de Carlos Ferreira. Algo me *transportava* e dava a absoluta certeza de que um túmulo no meio do mato, sem inscrições na lápide, ao fundo e à esquerda da entrada, era o de minha bisavó. Coloquei a mão sobre a lápide e senti um levíssimo choque, que se prolongou em um formigamento, começando na nuca e logo se espalhando por todo o corpo, da cabeça aos pés. Era um formigamento agradável, extremamente relaxante. Senti uma moleza no corpo, quase uma vertigem, e sentei-me sobre o túmulo. A sensação me prendia àquele local, como se a laje do túmulo pertencesse a mim, ou eu pertencesse à laje do túmulo. *Mais precisamente, como se laje e eu fossemos uma coisa só.*

Chamei minha avó e disse que era aquele o túmulo. "Como você pode saber?", perguntou rindo. Eu insisti, afirmando que ali jazia Virgínia Yelaska. Não a convenci e ela continuou procurando.

Uma hora depois desistiu, mas nem assim aceitou minha indicação. Foi a uma casinha em frente ao cemitério. Lá dentro havia um senhor velhíssimo, sonolento, supostamente responsável pela manutenção dos jazigos. Minha avó perguntou sobre tal pessoa, enterrada no ano tal, sua sogra, etc., etc. O homem remexeu gavetas e pilhas de papéis amarelentos. Após uns quinze minutos, achou um mapa do cemitério, junto a um registro dos mortos. Voltaram ao cemitério, os dois, e começaram a verificar as lápides sem inscrição. Eu não os acompanhei. Continuei sentado sobre a laje que, tinha certeza, cobria os restos mortais de minha bisavó.

Finalmente minha avó e o lúgubre senhor chegaram ao túmulo onde eu estava sentado.

O velho aproximou do rosto o mapa amarelado e ajeitando os óculos, leu em voz alta e rouca: "Virgínia Ivana Yelaska, 1878–1937".

Minha avó olhou para mim.

Estava espantadíssima.

"Os sonhos são
as andanças do espírito
através dos nove céus
e das nove terras."

(Lu Yen)

O SONHO e a CARTA

Marko: Uma profecia

Naquela noite, e também nas quatro seguintes, sonhei com Virgínia Yelaska. Sempre o mesmo sonho. Eu subia um caminho pela colina que dava no Solar Rásica. Sabia que não seria fácil entrar, com todas aquelas correntes e cadeados.

O caminho cortava um bosque. Comecei a ouvir ruídos de algo que se movia entre a vegetação, passos sobre folhas secas, galhos balançando. Alguém me seguia pelo bosque. Estranhamente tranqüilo, resolvi esperar que aparecesse. De repente, eis que sai de dentro do bosque e aparece no meio do caminho, diante de mim... Carlos Ferreira! Parecia apressado e assustado, como se estivesse sendo perseguido. Trazia na mão uma chave enorme, daquelas antigas. Estava enferrujada e suja de terra. Disse-me que a chave abriria o portão do solar. Imediatamente após entregá-la a mim, foi embora, desaparecendo outra vez no bosque. Era como se ele tivesse que estar ali só para me entregar a chave e sumir. Não tentei segui-lo ou chamá-lo; nem ao menos agradeci.

Continuei subindo até chegar ao solar. Parei diante do portão e suas várias correntes e cadeados. Acima do cadeado maior, havia uma placa enferrujada, onde estavam escritas três palavras desconhecidas para mim: "TANCAT AMB CLAU". Talvez fosse algo em croata. Resolvi utilizar a chave que Carlos Ferreira me dera no cadeado maior, mas, antes mesmo que a chave chegasse a *tocar* o cadeado, o portão, sozinho, abriu-se para mim. Cadeados, correntes, arames, tudo aquilo desapareceu, entre fachos de luz azulada, que logo sumiram e deram lugar a um halo luminoso que envolvia todo o ambiente. Percebi que para entrar não era necessário *usar* a chave, mas simplesmente *possuí-la*. Percorri um caminho rodeado por colunas de mármore, que dividia um deslumbrante jardim, impecavelmente bem cuidado. Ao final do caminho, havia um pomar de laranjas, limões e tangerinas. De lá eu via uma escadaria que terminava em um enorme terraço.

Desde o momento em que cruzei o portão da entrada, eu soube que aquele não era o solar atual, mas o de antes da Guerra.

Subi a escadaria e vi, numa das janelas, uma criança me olhando. Perguntei seu nome. Chamava-se Marko. Era o irmão mais velho de meu avô e havia nascido em 1901. Meu avô ainda não existia. Estávamos nos primeiros anos do século XX, provavelmente em 1907 ou 1908, não só antes da Segunda Guerra Mundial, portanto, como também da Primeira.

E então aconteceu algo que só anos depois descobri que se tratava de um verdadeiro colapso das barreiras dimensionais. A criança, na verdade meu tio-avô, começou a pular pelas escadas, em minha frente, cantando um refrão. Cantava em italiano. Era natural que eu sonhasse em italiano, pois era a língua com a qual eu tivera mais contato nos últimos meses. (Da mesma forma, após algumas semanas em Barcelona, passei a sonhar em espanhol.)

Voltando ao menino. Ele cantava muito alegre, porém reparei que a letra de sua canção era algo sinistra. Ele repetia: "*Ventidue novembre — deceduto in incidente; ventidue novembre — deceduto in incidente...*"* Perguntei, curioso: "*Ma chi è deceduto in incidente? Chi è deceduto?*"** Nesse momento ele deu uma risada zombeteira e saiu correndo escada acima. Corri atrás, até chegar ao terraço e constatar que ele havia desaparecido.

Pois bem, agora vamos sair um momento do sonho e adiantar os relógios até abril de 2002. Quando minha avó, aos 84 anos, sofreu um derrame e não pôde mais morar sozinha, tive que desocupar o apartamento onde ela morava e que seria alugado. Separar e empacotar tudo o que havia ali foi um trabalho de Hércules. Minha avó não jogava *nada* fora. Havia revistas dos anos 50, artigos de jornais amarelados de mais de 30 anos e, *literalmente*, *toneladas* de fotos. Entre essas fotos, descobri coisas intrigantes sobre minha família, que relatarei depois no capítulo "Esqueletos

---

*Vinte e dois de novembro — falecido em acidente.

**Mas quem faleceu em acidente?

Portão de entrada do Solar Rásica.
Início dos anos 30.

Meu avô Mario na entrada do Solar Rásica em 1932.

Entrada do Solar Rásica
em 1998.

no armário". Porém, o que importa dizer agora foi que encontrei, entre as fotos, um envelope grande, cheio, no qual, com a letra de minha avó, estava escrito "*Anúncios Fúnebres*". Dentro havia obituários, atestados de óbito, convites para missas, telegramas e cartas de pêsames, etc. Lá estavam meu pai, meu avô e todos os seus irmãos, meus bisavós e até mesmo um trisavô.

O que mais chamou minha atenção foi um telegrama de 1970, mandado por parentes de Milão a meus avós. No telegrama estava escrito: "MARCO 22 NOVEMBRE DECEDUTO IN SEGUITO INCIDENTE STRADALE".* Fiquei abismado ao me lembrar da canção do sonho. Naquele refrão, meu tio-avô Marko, ainda criança de seis ou sete anos, me revelava o modo como morreria mais de 60 anos depois, e ainda dava a data! Fiquei impressionado com a clarividência do sonho, sobretudo com a exatidão das palavras.

Eu nunca tivera a menor idéia de como falecera meu tio Marko. Meu avô era muito fechado em relação a esses assuntos, e, sempre que morria algum de seus irmãos (apesar de não ser o caçula, meu avô foi o último a morrer, em fins de 1991), ele, deprimido, se recusava a comentar o fato, proibindo também minha avó de fazê-lo. Era como se todos os seus seis irmãos houvessem falecido de morte natural, de velhice. Mas meu avô não contara com a extraordinária capacidade de comunicação da alma humana, *mesmo quando o que chamamos de corpo ou matéria já não está presente. Mesmo que esta comunicação se dê através de um sonho.*

E, por falar no sonho, voltemos a ele.

Corri até o terraço atrás de Marko. Ao chegar lá, ele havia desaparecido.

Do terraço, via-se uma imensidão de mar e parte de Dubrovnik. O mar daquela região já é de uma cor espetacular; no sonho as cores eram ainda mais intensas, o azul do mar era uma cor impossível de existir na vida "real" — um azul intenso, de anilina, e ao mesmo tempo extremamente cristalino. Tudo era luz, intensidade, tudo era um brilho mágico. Talvez seja difícil imaginar, mas essa luminosidade atrativa, hipnótica, para completar também tinha cheiro. Um aroma doce e sutil, delicioso, como uma suavíssima

*Marco 22 de novembro falecido após acidente rodoviário.

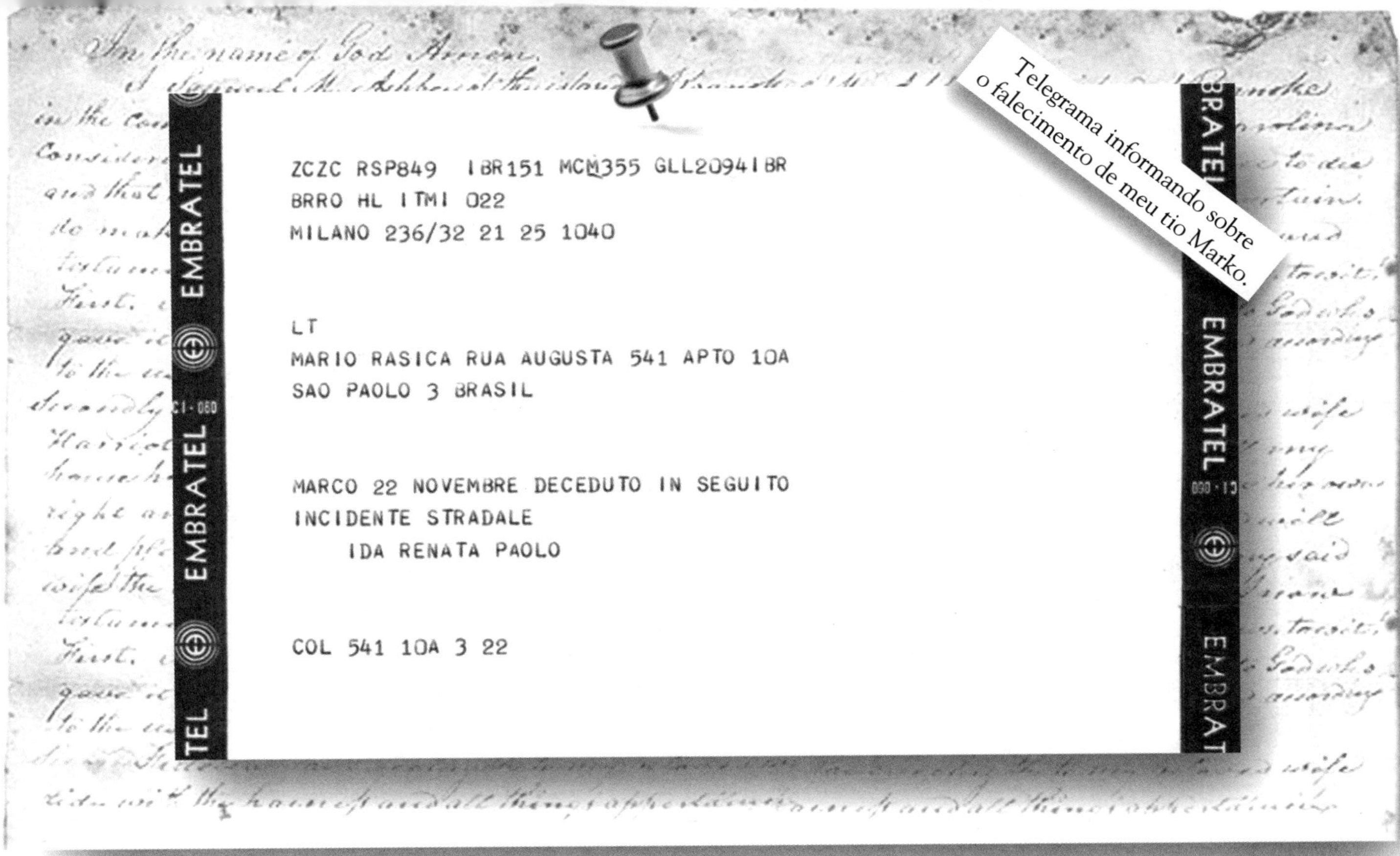

Telegrama informando sobre o falecimento de meu tio Marko.

mistura de essências de amêndoas e baunilha. Essa sensação era indiscutível: o aroma não vinha do ar, do mar, nem de algum aposento da casa. O aroma vinha da luz. *A luz tinha cheiro*.

Sentada numa cadeira de vime, em um canto do terraço, estava Virgínia Yelaska. Era belíssima, com olhos de um azul também inverossímil, e aparentava menos idade que eu. Ao lado havia outra cadeira. Ela fez sinal para que eu me sentasse. Senti uma certa decepção ao perceber que, naquele momento, ela não me via como seu bisneto.

Olhando o mar eu via peixes enormes. Conforme se aproximavam da superfície eu percebia que não eram peixes, mas dragões. Dragões marinhos, dourados, que deixavam um rastro igualmente dourado, cintilante, pela água por onde passavam.

Aos pés de Virgínia cochilava um cachorro imenso, negro. Tinha o focinho achatado de um buldogue, a cabeça redonda e maciça e um detalhe muito peculiar: não tinha orelhas. Não que houvesse sido mutilado. Simplesmente era um cão sem orelhas nem ouvidos, e só porque não ouvia podia estar ali.

A cena era extremamente estranha e atraente. O ar que nos envolvia era curiosamente denso, de uma densidade mais ou menos intermediária entre a da água e a do ar comum, e dava a inusitada sensação de ser formado por várias camadas sobrepostas, vítreo em alguns pontos, translúcido em outros, em outros ainda formando pregas e dobras, algumas com estranhas cristalizações e áreas quebradiças.

Achei quase intolerável a indiferença de Virgínia a respeito do fato de ser minha bisavó. Tive vontade de dizer: "Sou seu bisneto, será que ainda não percebeu? Vim de longe para lhe ver, no espaço e no tempo... Vim de 1998!" Se era minha bisavó, por que não me dava um abraço, ou ao menos um sorriso? Por que não desmanchava aquela expressão estatuesca, de Esfinge? Que desconsideração receber um bisneto, que fizera uma viagem de mais de 90 anos, fazendo aquele absurdo gênero misterioso e impessoal! Mas logo mudei de opinião, e de algum modo eu soube que não devia tocar nesse assunto.

Só então percebi que o que parecia frieza ou indiferença era outra coisa. Aquele olhar que parecia ignorar nosso parentesco não o ignorava de modo algum. Pelo contrário, *o transcendia, ia*

Virgínia Yelaska
em foto de 1911.

muito além. Entendi que ela, como Carlos Ferreira, não estava no sonho para uma mera confraternização familiar. Tinha um papel muito mais específico e importante. Estávamos ali por um motivo grave e solene. Muito grave. Só depois que compreendi, ela resolveu se manifestar.

Com um gesto firme, apontou para o mar. No lugar onde eu havia visto dragões, agora boiavam centenas de milhares de garrafas, cada uma contendo uma mensagem numa folha enrolada de papel. Ela então me disse: "Escreva outra vez a carta a seu pai. Mas, desta vez, mande". Depois se levantou e sentou sobre o muro do terraço, fazendo sinal para que eu a acompanhasse. Nos seguiu também o cão sem orelhas. Apontou outra vez para as garrafas. A brisa que vinha do mar fazia esvoaçar seus cabelos finíssimos. "Está vendo? Mesmo mandadas assim, todas as cartas chegam a seus destinos. Sempre chegam. Todas..."

O vento aumentava e as garrafas começavam a se chocar umas contra as outras. Virgínia me deu, com certa cerimônia, um lápis e uma folha em branco. Eu deveria escrever uma determinada carta cujo conteúdo ambos conhecíamos, mas não ali, não naquele momento. Eu não poderia permanecer por muito tempo, deveria correr. Tinha alguns segundos para deixar o solar antes que o tempo voltasse a 1998. Se isso acontecesse antes que eu cruzasse o portão, eu seria encerrado no solar deserto, sujo e com as correntes enferrujadas de 1998, mas algo de mim permaneceria, de alguma forma, *estacionado*, *congelado* no início do século XX — *por toda a Eternidade*. Se isto ocorresse eu nunca conseguiria sair do sonho, e meu corpo físico, aquele corpo que se encontrava dormindo e sonhando num quarto de um hotel de Dubrovnik, em 1998, não acordaria jamais. *Morreria dormindo*.

Tomei das mãos de Virgínia o lápis e o papel. Ela repetia: "Desta vez mande! Chegam sempre!" Um tufão varreu o terraço. Saí correndo escadaria abaixo. Ainda a vi uma última vez, segurando a saia com uma mão e o cabelo com a outra, quase sendo arrastada pelo vento, o cão tentando ajudar puxando-a pela saia com a boca. Eu descia a escada desesperado, pulando os degraus de três em três, achando que não conseguiria sair. Correndo por entre as colunas, ouvi ainda uma vez a voz de Virgínia. "Depressa! Não há mais tempo!" Via os galhos das árvores se retorcendo, suas folhas se tornando amarelas, secando e caindo; *décadas estavam se passando em segundos*. Não tive tempo de virar o rosto para vê-la mais uma vez — fui arremessado portão afora por uma explosão de vento, poeira e folhas secas. Então, com a sensação de quem já estava fora do solar, abri os olhos e me vi no quarto do hotel onde estávamos hospedados.

Minha avó estava sentada em sua cama, lendo. Ao perceber que eu acordara agitado, perguntou se eu estava bem. "Tudo bem. Foi só um sonho", respondi. Lembrei-me da frase no portão do solar. TANCAT AMB CLAU. Escrevi-a numa folha e perguntei à minha avó se significava algo em croata. Ela respondeu que não era croata, ou nenhuma das outras seis línguas que falava fluentemente. Não era a primeira vez que eu sonhava com palavras ou frases desconhecidas das quais só viria a saber o significado dias, meses ou anos depois.

Por quatro noites tive o mesmo sonho. No quinto dia, de volta a Milão, fiz o que Virgínia Yelaska mandara. Então o sonho nunca mais se repetiu.

"A Mente Divina
pode querer comunicar-se com mentes finitas
manipulando o mundo dos homens
e das coisas de forma que a mente particular,
destinada a ser atingida nesse momento,
considere significativa."

(Aldous Huxley)

A CARTA

A vida é bela

A carta a que Virgínia se referia no sonho foi escrita por mim em março de 1997. Nunca foi expedida, por uma razão simples: era dirigida a um morto. Meu pai. Abro parênteses aqui para contar algo sobre ele.

Meu pai morreu em 1990, aos 43 anos, de um enfarte fulminante. Era diretor da Ford. Nossa relação não era das melhores na época em que ele morreu, talvez pela constante ausência, talvez pelo cansaço e irritação freqüentes que ele demonstrava quando estava em casa. Trabalhava seis meses no Brasil e seis nos Estados Unidos. Começou de baixo, mas foi subindo de maneira meteórica. As promoções sucediam-se, intermináveis. Logo a carreira ocupou o primeiro lugar em sua vida, acima inclusive da família.

Porém, conforme subia, descia. À medida que subia na Ford e se concentrava mais e mais no trabalho, ia perdendo contato com outras realidades. Dava a impressão de estar morrendo espiritualmente, de estar se tornando cego quanto ao seu papel, à sua missão neste mundo. Pior: parecia que esta missão se resumia a ser executivo de uma fábrica de carros. Conforme se tornava mais extraordinário, brilhante, imbatível em seu trabalho — "*outstanding*" (excepcional), como diziam sobre ele os relatórios da empresa —, outras habilidades iam sumindo, atrofiando-se. Por exemplo: boa parte da casa onde passei meus primeiros meses de vida foi construída por ele, quando tinha 24 anos. Quinze anos mais tarde, não era capaz nem de trocar uma lâmpada. Perdera suas habilidades manuais, e certamente outras mais importantes e profundas. Costumava dizer que iria se aposentar aos cinqüenta e cinco anos e então aproveitar a vida imerso na Natureza, no sítio.

Não deu tempo. O coração não agüentou anos de *stress*, jornadas de trabalho extenuantes, uísque e cigarros para conseguir relaxar e dormir, e deixou de bater numa manhã de abril, no momento em que ele se preparava para — que outra coisa seria? — ir trabalhar.

Talvez eu tenha desejado, escrevendo a carta, situar melhor as coisas, provocar em mim uma catarse, ou apenas fazer com que minha família entendesse melhor minha relação com ele.

A carta, que escrevi em um domingo de março de 1997, era esta:

Pai,

há alguns dias morreu o pai de um amigo meu. Foi a primeira vez que vi esse amigo chorar. Foi também a primeira vez que vi alguém chorar tanto. Talvez eu devesse ter sentido pena. Mas não... Senti sabe o quê? Inveja.

Pai, poucas vezes senti raiva de você. Não mais do que você sentiu de mim, acho. Mas que pena eu não ter te amado como esse amigo amou o pai dele! E quanta culpa eu já senti por isso...

Estou me lembrando de um fim de semana em que eu havia convidado um outro amigo, o Feno, para ir ao sítio, e fomos nós três. Alguns dias depois, no colégio, ele fez um comentário que definia perfeitamente a nossa relação: "Você e o seu pai não falam a mesma língua".

Uma noite, cheguei em casa e você veio me perguntar onde estava o alicate de unhas. Eu, por pura má vontade, disse que não sabia. Com minhas unhas curtíssimas, menti na maior cara de pau: "Faz uma semana que eu não corto as unhas!" Você foi ao meu quarto, mexeu, remexeu e voltou com o alicate nas mãos. Olhou para mim e disse: "Eu nem vou falar nada. Estou muito cansado para discutir hoje". E essa frase, essa mistura de desgaste e desgosto, foi nosso último contato. Se eu soubesse! No dia seguinte, você tinha ido embora para sempre. Logo pela manhã, um funcionário do colégio veio me avisar que eu deveria ir para casa imediatamente. "Não se assusta, não; não é nada grave...", ele disse. Quando cheguei em casa, você não estava mais lá. No seu lugar, um corpo frio e arroxeado. Realmente, como o funcionário dissera, não era nada grave. Era só a Morte, contra a qual nada havia que pudesse ser feito. Naquela manhã, eu havia saído às sete e vinte. Você morreu às sete e meia.

A casa estava cheia de vizinhos. Alguns nós mal conhecíamos, outros eram desconhecidos mesmo. Iam lá pelo puro prazer de ver um homem morto. Não é impressão minha, não! Alguns entravam, perguntavam "onde é que está?... posso ver?", iam até o seu quarto, olhavam, olhavam e depois saíam, sem ao menos cumprimentar a família. Teve um que até se debruçou sobre você, não querendo perder nenhum detalhe das alterações cadavéricas. Analisava seu rosto com expressão cética e desdenhosa, como se considerasse a verdadeira morte muito fajuta, como se estivesse esperando efeitos especiais de Steven Spielberg.

Minha mãe às vezes é fina demais. Minha vontade era colocar todos para fora e fechar a porta. Mas, ao invés disso, resolvi trancar-me no meu quarto. Queria chorar sozinho, no meu canto. E então, o (nem tão) inesperado: as lágrimas não vinham! Senti-me um monstro. Pensava: "Como? Meu pai morreu e eu não estou chorando?!!" Tentei me concentrar, lembrar de bons momentos; nada... Desesperado, resolvi "apelar": pus para tocar uma fita com aquela música que nós dois adorávamos (um dos nossos raros pontos em comum). E então, para meu alívio, as lágrimas começaram a brotar. Mas tão escassas, tão levinhas, que nem escorriam pelo rosto. Ficavam lá, inseguras, trêmulas e ridículas agarradas às pálpebras. Mas eram lágrimas, afinal! Um pouco mais de música e cheguei a conseguir um fluxo razoável, enquanto ia me tranqüilizando: "Estou chorando! Sou normal!"

Recordei a frase de uma professora do primário: "O melhor ator que existe é o Lima Duarte. Se quiser, ele consegue chorar só do lado que a câmera está pegando".

Quando achei que meus olhos estavam vermelhos e inchados o suficiente, fui até a sala. Só permaneciam os mais íntimos e os parentes. Fiz questão de encarar a todos, queria que ninguém deixasse de ver no meu rosto aquelas lágrimas arrancadas a fórceps, aquele leite tirado de pedra. Queria que todos imaginassem que eu estava muito abalado, mas a verdade, pai, é que eu não estava. Tinha vergonha e medo de que os outros percebessem isso, principalmente minha mãe, que me conhece tão bem. Sentei-me no sofá e fiquei segurando a mão dela. Pouco depois, tocaram a campainha. Era o pessoal de um hospital. Logo que você morreu, minha mãe decidiu que doaria suas córneas. O problema é que houve muito atraso na liberação do corpo e a retirada das córneas teria que ser feita ali mesmo, na sua cama, quase na nossa frente.

Foi então que eu, empolgado com as lágrimas que ainda umedeciam meu rosto, resolvi me agarrar com unhas e dentes ao papel de filho inconsolável e transtornado. Berrei para os médicos: "Ninguém toca no meu pai! Estão pensando que isso vai virar o quê? Açougue?" (Que grotesco o final dessa frase!) Minha mãe não se pronunciou. Os médicos, frustrados, mas muito polidos, resolveram ir embora, concordando que deveria ser respeitada "a dor da família". Como me senti bem nesse momento! Valente, amoroso, feroz, digno! O mais fiel dos cães de guarda. E hoje, quando me lembro, vejo o quanto fui idiota, egoísta, ridículo. Alguém poderia estar desesperadamente aguardando as suas córneas. Eu, apesar de minhas córneas perfeitas, fui nesse momento o mais cego dos cegos. Até hoje me arrependo. Não deixei nenhuma parte de você permanecer com vida.

Pai, eu reconheço que entre nós, a partir dos meus 12 ou 13 anos, começou a nascer uma má vontade que quase sempre partiu de mim. Mas também sei que nunca lhe perdoei por colocar a vida profissional acima da família. Quantos aniversários, em criança, eu passei sem você! Você viveu pela sua carreira. E, segundo minha mãe, também morreu por ela. Na semana do enfarte você estava muito nervoso, trabalhando demais e exagerando no uísque e no cigarro, porque a Ford vinha tendo dificuldades com o Plano Collor.

Os conflitos entre você e eu podem ter tido outras razões, mais misteriosas, mais obscuras. Mas esta que eu citei, a da carreira, parece a mais óbvia. Fiquemos então com ela e não nos aprofundemos, porque senão será difícil chegar ao final desta carta, que aliás já está bem maior do que eu previ.

Em cima da televisão há um retrato seu. Você está na mesa do seu escritório. Todos os dias, ao me levantar, eu encontrava o retrato deitado, virado para baixo. Comecei a me preocupar, achando ser responsável por isso alguma parte obscura da minha mente, algum estranho impulso do subconsciente. Será que eu mesmo deitava o retrato e não me lembrava? Há alguns dias, solucionei o mistério. O culpado era um dos meus gatos, que subia na televisão e esbarrava no retrato, derrubando-o.

Ontem, pela manhã, ao levantar outra vez o retrato caído, olhei para você e tive um impulso tão forte de lhe fazer perguntas, que quase comecei a fazê-las em voz alta, como um louco, como se um retrato pudesse me responder.

Por que eu, que sou tão cheio de pressentimentos, de premonições, não percebi a morte naquele último olhar?

Como é morrer?

De onde quer que você esteja você nos vê? Você sabe como nós estamos?

Pode ser feliz alguém que põe a carreira em primeiro lugar, acima da família, acima do amor?

E o contrário? Consegue ser feliz alguém que põe o amor em primeiro lugar?

Por que eu nunca sonho com você?

Você gostava de mim?

Quanto?

Eu também...

Março de 1997

Os sonhos com Virgínia indicavam que essa carta deveria ser mandada.

Mas o que ela quisera realmente dizer com *mandar*? Eu estava preso a detalhes. Mandar para onde? Mandar como? Às vezes vinham à minha mente fragmentos daqueles sonhos — principalmente as garrafas boiando no mar, e a voz de Virgínia: "Chegam todas a seus destinos. Sempre chegam..."

Comecei a achar que, se eu realmente *expedisse* a carta a meu pai, ele de alguma forma a receberia, e mais: a *responderia*.

Aquela série de sonhos me pegara de surpresa. A atmosfera, a atitude de Virgínia, minhas estranhas sensações no sonho, e depois ao despertar... Tudo me parecia mais um *contato* do que um sonho. Era tudo muito peculiar, muito diferente de todos os sonhos que eu tivera em toda a minha vida. Não saberia explicar objetivamente o porquê. Apenas sentia assim.

Passava horas tentando entender melhor aqueles sonhos, captar algum detalhe importante e decisivo. A sensação que eu tinha, cada vez mais forte, era a de que Virgínia Yelaska, ou sua alma, ou o que quer que houvesse restado de sua energia vital, havia entregue a mim uma importante mensagem, e a parte principal desta mensagem não era o que havia sido dito, mas o que ficara nas entrelinhas. O que ficara no ar. Que em meu último contato com meu pai as palavras haviam sido ásperas e secas, os olhares rancorosos, os espíritos enojados. Todo esse clima extremamente negativo, justamente naquele que seria irrevogavelmente nosso último contato nesta dimensão, toda essa situação ainda era, oito anos passados, tremendamente nociva para mim e agia como um obstáculo a meu desenvolvimento pessoal e espiritual. Eu deveria tomar providências urgentes para mudar aquela situação. Novamente, não sei explicar exatamente *o que* naquele sonho me dizia isso, mas eu sentia que era assim.

Quando eu despertava após os sonhos, sentia o dever urgentíssimo de reescrever a carta e mandá-la como quer que fosse, mas, conforme o tempo passava, as impressões iam-se diluindo e a idéia às vezes chegava a me parecer ridícula e sem importância.

Mas outra coincidência ocorreu aqui.

No dia após o terceiro sonho, já em Milão, eu planejava conhecer uma igreja do século IV, a de San Lorenzo Maggiore. Quando ia saindo, começou a chover, e resolvi deixar a igreja para outro dia. De volta ao quarto, liguei a televisão. Estava começando um filme dos anos 50 ou 60, com Bette Davis e Joan Crawford. Chamava-se "Che fine ha fatto Baby Jane?" (no original, "What ever happened to Baby Jane?"[*]) No início do filme, uma cantora-mirim, se apresentando em um circo, canta uma música chamada "I've written a letter to Daddy" (Escrevi uma carta ao papai). As primeiras frases eram mais ou menos assim:

> I've written a letter to Daddy
> His address is Heaven above,
> I've written, 'Dear Daddy — We miss you
> And wish you were with us to love'
> Instead of the stamp I put kisses,
> The postman says that's best to do,
> I've written this letter to Daddy
> Saying I love you[**]

---

[*] O que terá acontecido a Baby Jane?

[**] Escrevi uma carta ao papai / O endereço dele fica no céu / Escrevi: querido papai, sentimos saudades / Queríamos que estivesse conosco / Em vez de selos, coloquei beijos / O carteiro disse que é melhor assim, / Escrevi essa carta para o papai / Dizendo eu te amo

Finalmente, na manhã seguinte, após o quarto sonho, pensei que não seria tão grande trabalho reescrever a carta, nem tão grande loucura mandá-la.

Creio que a carta saiu bem parecida à original de 1997. Comecei a pensar então na parte mais complexa: como enviá-la?

Lembrei-me das garrafas flutuando no mar, mas escolhi um modo menos romântico e mais rotineiro: comprei envelope e selo e coloquei a carta numa caixa de correio. No lugar do destinatário escrevi apenas o nome do meu pai, no remetente o meu. Nada mais.

"Chegam todas a seu destino. Sempre chegam..."

Naquela noite os sonhos pararam, e por algum tempo não pensei mais no assunto. Por pouquíssimo tempo, aliás, porque a resposta chegaria logo. A resposta de meu pai e muitas outras, vindas de um lugar ao qual eu jamais tivera acesso até então. *Um lugar que, tenho certeza, está radiante de Deus, pleno de significado, e onde os Mistérios se desvelam...*

Resposta

Dias depois de mandar a carta, fui ao cinema.

Queria ver uma comédia que estava fazendo sucesso em toda a Itália: "Tre uomini e una gamba". Justo naquele dia, o filme tinha saído de cartaz no cinema perto do hotel. Em seu lugar havia entrado o "La Vita è Bella", de Roberto Benigni.

Naquela época, não se imaginava que o filme seria indicado a um Oscar, muito menos que o venceria. Eu nunca tinha ouvido falar, não sabia do que se tratava, mas não havia outro cinema próximo.

Já na primeira cena, algo chama minha atenção. A voz do narrador, dizendo: *"Questa è la mia storia. Questo è il sacrificio che mio padre ha fatto. Questo è stato suo regalo per me."** "Será o tema

* Esta é a minha história. Este é o sacrifício que meu pai fez. Este foi seu presente para mim.

deste filme uma relação entre pai e filho?" – pensei, surpreso. E justamente essa relação era o centro do filme, principalmente após o envio da família a um campo de concentração. O pai (Benigni) faz com que o filho, menino de uns sete anos, pense que tudo se trata de um jogo. Os trabalhos forçados, a comida ruim e escassa, os uniformes listrados, os berros dos oficiais nazistas, tudo faz parte de um divertidíssimo jogo cujo prêmio é um tanque de guerra de verdade.

Até o final o pai consegue manter no filho essa ilusão, apesar da situação e dos enormes perigos que corre para preservar a inocência do filho.

De repente vejo ali na tela, *reconheço*, meu pai. Aquela proteção incondicional e quase suicida, aquele salvaguardar da segurança e da ilusão a qualquer preço... *Aquilo também* era meu pai. Não me refiro àquela segurança natural que um filho geralmente sente junto ao pai, mas àquele sacrifício, àquela coragem camicase do personagem de Benigni. Meu pai era assim, e eu durante anos havia tratado de desprezar, ignorar ou diminuir esse heroísmo, talvez por ser doloroso não tê-lo sempre, por ser privado de sua presença seis meses por ano devido ao seu trabalho.

Por quase toda a vida eu só havia percebido um pai ausente, e agora aquele filme colocava diante de mim a outra face de meu pai. Meu pai poderia, tranqüilamente, ser o Roberto Benigni e eu, aquele menininho de boné. Meu pai talvez fizesse até mais!

Lembro-me de quando tive que operar um machucado no joelho que havia inflamado. Eu tinha uns nove anos. Era coisa simples, porém teria que ser sem anestesia. O local estava inchado e cheio de pus, a anestesia não faria efeito. Os médicos vinham e apalpavam o abscesso enorme, quase do tamanho de uma laranja, enquanto o joelho ia ficando cada vez mais dolorido e eu cada vez mais amedrontado.

Então meu pai começou a conversar comigo sobre "A Dor".

Disse que tudo dependia da mente. Garantiu que eu era muito forte e que seria fácil para mim controlar a dor. Não ficou só na conversa – quis dar o exemplo. Pegou um bisturi que estava por ali e calmamente, sem demonstrar qualquer desconforto, começou a fazer um corte em seu antebraço. Enquanto o sangue começava a escorrer, dizia estar controlando a dor através do pensamento e eu, como seu filho, saberia fazer o mesmo. "O que você mais queria estar fazendo agora?" — ele perguntou. Eu tinha uma égua chamada Cigana, que estava nos dias de parir. Sem hesitar, respondi: "Queria estar vendo a Cigana dando cria!" "Hhhmm... Então..." — continuou ele — "Nós temos um segredo. Os médicos vão pensar que estamos aqui e que eles estão operando seu joelho. Mas nós estaremos no sítio, sentados na pedra branca, na beira do lago, vendo a Cigana dar cria. É uma viagem diferente, por isso teremos que pagar a passagem de um jeito diferente. Você paga com o corte no joelho e eu com o corte no braço, OK? Feche os olhos e conte até trinta, de trás para frente... Já chegou no zero? Então agora nós estamos no sítio. Continue com os olhos fechados... Pense no sítio, na pedra branca, na Cigana. Normalmente você *vê e depois pensa*. Mas nós demos uma fugida, não estamos mais no hospital, e quando você dá essas escapadas tem que primeiro *pensar para depois ver*. É uma regra mágica. Pensa na Cigana. Já está vendo?" Eu estava. "Já!" — respondi entusiasmado. "Bom, então agora vamos conversar sobre o que está acontecendo. É a segunda regra mágica, conversar sobre o que está vendo... Olha: a Cigana está deitada... Você consegue ver se o potrinho já está nascendo? Parece que os casquinhos dele estão saindo... Já está aparecendo a cabeça? Tem uma listra branca na cara, não tem? Parece que a Cigana está um pouco nervosa, fala pra ela se acalmar, conversa com ela..." Esperamos o potro nascer, levantar-se e começar a mamar.

Então meu pai disse que estava na hora de voltarmos.

Hoje, tenho a impressão de que ele me levou a algum estado de transe, de hipnose, pois eu realmente não vi nem senti *nada* quando fizeram uma incisão no meu joelho para a introdução de um dreno.

Lembro-me de ter perguntado a meu pai se o que acontecera era verdade, se havíamos visto realmente a Cigana dando cria. Ele respondeu: "Claro que sim, mas ela também teve que dar uma fugida no tempo. Por isso, pode ser que na próxima vez que nós formos para o sítio, o potro ainda esteja dentro da barriga dela, mas tudo o que nós vimos foi verdade. Entendeu? Mas este é o nosso segredo. Os médicos têm que achar que nós estávamos no hospital. Até a sua mãe tem que pensar que nós não saímos de lá".

De fato, Cigana deu cria três dias depois da minha operação. Uma quinta-feira. No sábado fomos para o sítio e a primeira coisa que fizemos foi ir ver o potrinho. Era uma fêmea, como víramos no dia da operação. Tinha uma listra branca na fronte, exatamente como na "visão". Havia nascido no exato lugar de que falamos, perto da pedra branca e do lago. (Tão perto, aliás, que por pouco não se afogou quando nasceu.)

E então eu vi *aquilo*.

Um corte de uns 15 centímetros, não muito profundo, numa perna da Cigana. "Olha, pai, ela cortou a perna!", exclamei. O caseiro explicou que ela ficara muito agitada algumas horas antes de dar cria, e não quisera parar de jeito nenhum no piquete-maternidade que reserváramos para ela. Pouco antes do parto, pulara a cerca, cortando a perna no arame farpado. Meu pai passou a mão no corte. "Vai cicatrizar logo." Depois, olhando para mim e piscando o olho: "Ela também teve que pagar a passagem para nos encontrarmos naquele dia". Em seguida ele passou a mão no corte de seu próprio braço, um corte de mais de 10 centímetros. Não me lembro se ele levou algum ponto, mas a cicatriz ficou para sempre.

Quando morreu, quase dez anos depois, meu pai conservava no braço aquela cicatriz. Nem mesmo essa marca tão visível me fez lembrar que eu tivera um pai herói, real e ao mesmo tempo mágico. Real e irreal, era para mim o que quisesse ser, mas depois não foi mais... Esqueceu-se de ser, ou *não pôde* mais ser?

O que terá acontecido com meu pai? Que fim levou o fugitivo do tempo, o fugitivo do espaço, o herói que me fazia perder o interesse por heróis de histórias em quadrinhos, por serem tão banais em comparação? O que a vida foi fazendo com meu pai? O que ele foi fazendo com a vida? Como pôde terminar assim, sem magia, sem graça? Por que um ser que uma vez foi tão especial vestiu uma pobre fantasia de "executivo de multinacional" e, pior, se encerrou dentro dela até o último dia de sua vida? Haverá nessa mudança tão triste e obscura uma finalidade secreta que eu não consegui entender?

O filme, no entanto, foi uma lembrança do lado mais especial de meu pai, poucos dias depois que enviei a carta. Foi uma resposta: "*Ainda posso fugir no tempo. Ainda podemos fugir juntos.*"

Coincidência, o tema do filme — poder-se-ia dizer.

Porém, houve um sinal, uma "senha", para que eu não pudesse considerar uma simples coincidência.

Quando morreu, meu pai foi cremado.

O caixão com o corpo foi posto no meio de um recinto semelhante a um anfiteatro. Terminadas as orações, a plataforma sobre a qual se encontra o caixão começa a baixar. Nesse momento, toca-se uma música. Meus avós escolheram a "Barcarolle", dos "Contos de Hoffmann", de Offenbach.

No filme "La Vita è Bella", essa música toca duas vezes (e uma terceira, se não me engano, durante os créditos). Cada vez que tocava, era meu pai piscando o olho para mim, era o *fugitivo do tempo* que havia conseguido mais uma passagem. Saí de lá com os olhos inchados de chorar. E ainda diziam que era uma comédia! "La Vita è Bella" é o filme que, se mil vezes assistir, mil vezes vou me emocionar, pois vou estar outra vez assistindo ao heroísmo não do pai Benigni, mas do *meu pai*.

Fiquei feliz quando, um ano depois, o filme ganhou o Oscar. Prêmio merecido.

"Vi certas vezes
o que o Homem acreditou ver!"

(Arthur Rimbaud)

A TARTARUGA

Clarividência

A resposta à minha carta em Milão foi tão impressionante e inequívoca, que dois meses depois, em Barcelona, resolvi repetir a experiência. Os resultados foram igualmente inequívocos.

O mais interessante é que, a partir da primeira carta e sua resposta, uma série de sincronicidades e *aparentes* coincidências começaram a apresentar-se em minha vida de uma forma espantosamente freqüente, quase cotidiana. Estava claro que um poderoso e transcendente canal se havia aberto. Aquilo me lembrou uma frase de Theophile Gautier: "O acaso é o pseudônimo de Deus quando não quer assinar".

Um desses "acasos" quase inacreditáveis derrubou a última barreira de meu ceticismo e me mostrou que uma sintonia entre mim e algo incomensuravelmente superior estava, sem a menor dúvida, estabelecida.

Era final de julho. Fazia na Itália o verão mais quente dos últimos cinqüenta anos, e eu iria passar o mês de agosto em Alicante, uma praia do Sudeste da Espanha. Antes, porém, precisava passar uns dias em Gênova. Sendo cidadão italiano, por um erro "burrocrático" eu não estava quite com o exército italiano. Isso só poderia ser resolvido em Gênova, cidade natal de meu pai, onde eu obtivera a cidadania e o passaporte.

Em Gênova, hospedei-me no Hotel Europa, próximo à estação ferroviária Porta Príncipe. Foram três dias enfrentando filas intermináveis no Distrito Militar até conseguir finalmente meu atestado de dispensa. Pretendia partir na manhã seguinte rumo à Espanha.

Após os sonhos com Virgínia em Dubrovnik e Milão, aprofundei um hábito que já vinha cultivando havia cerca de um ano: manter um caderno de sonhos. A primeira coisa que fazia ao acordar, antes de pensar em qualquer compromisso ou mesmo escovar os dentes era tratar de recordar todos os sonhos que tivera. É um processo surpreendente: uma recordação vem trazendo outra, um sonho puxando outro; quanto mais se lembra, mais se "aprende" a lembrar. Certa manhã, consegui recordar e anotar nada menos que onze sonhos.

Naquela minha última manhã em Gênova, anotei três sonhos. Ainda não sabia que um deles seria de importância capital no meu processo de sintonia com os mundos sutis. O sonho era este: eu vivia numa estranha casa com quatro ou cinco irmãos (nenhum deles existente na vida real). A casa não tinha mobília. Nem cama, nem cadeira, nada. O chão era de cimento liso, pintado de vermelho. Cada irmão tinha um papel na casa. Um cozinhava, outro varria, outro passava cera vermelha no chão, etc. Minha tarefa parecia a mais importante. Espalhados pelo chão havia vários objetos — pequenas esculturas, adornos variados, miniaturas diversas. Munido de um recipiente parecido com uma lâmpada de Aladim, eu deveria ir derramando um misterioso óleo azulado sobre cada objeto.

Ao anotar o sonho, eu não me lembrava de quais eram esses objetos, com uma exceção: uma pequena tartaruga cor de vinho, pouco maior que uma casca de noz. A cabeça levemente virada para cima parecia estar me observando. Ainda bem que anotei esses pequenos detalhes, pois o que ocorreu depois foi tão inusitado que eu poderia chegar a pensar que havia sido fruto da minha imaginação.

Fui à estação Porta Príncipe, comprar meu bilhete de trem para Alicante e trocar liras por pesetas (isto foi antes da unificação da moeda, com o euro). Como a viagem seria muito longa — cerca de 20 horas — resolvi fazer uma parada em Barcelona, passar ali um dia para conhecer a cidade e depois seguir até Alicante. Seria menos cansativo. Mais tarde essa decisão acabaria mudando meus planos. Gostei tanto de Barcelona, que, após o mês em Alicante, resolvi voltar. Morei lá oito meses dos doze que passei na Europa.

Definido o itinerário e comprados os bilhetes, dirigi-me à casa de câmbio da estação para trocar as liras, mas estava fechada para almoço e só abriria dali a quarenta minutos. Resolvi esperar ali mesmo.

De repente pára um ônibus e dele desce um grupo de negros altos, magros e com longas túnicas. Eram nigerianos, conforme um deles me diria depois. O grupo se dispersou pela estação, cada homem carregando uma sacola. Um deles se aproximou de mim, enfiou a mão na sacola e começou a me oferecer objetos que, segundo ele, haviam sido trazidos da África. Com um quase ininteligível italiano, ele tentava me convencer a comprar um elefante de madeira por 20.000 liras, que logo viraram 15.000 e depois 10.000. Eu dizia que não tinha dinheiro. Ele baixava o preço, insistindo. Eu olhava para o outro lado tentando me livrar do persistente assédio. Ele dava a volta. Subitamente jogou o elefante de volta na sacola. "Até que enfim desistiu!" — pensei, aliviado. Reparei que ele estava remexendo a sacola, como quem faz um sorteio, um bingo, ao mesmo tempo em que murmurava algumas palavras em sua língua, e então num tom solene, bem diferente do jeito afobado e quase agressivo de antes, disse: "Questo tu devi prendere. Ti porterà fortuna"*. Tirou então da sacola uma pequena tartaruga de cerâmica, cor de vinho. *Era a mesma do sonho!* Quase a arranquei das mãos do nigeriano, pagando em seguida 10.000 liras. Se ele pedisse o dobro, o triplo, quanto fosse, eu teria pagado. Tudo era idêntico, até a posição da cabeça, inclinada para cima e para a esquerda.

Eu nunca fora abordado antes pelo nigeriano nem nunca o vira até então, e com a mesma certeza posso dizer que a única vez que vi essa tartaruga, antes de ser na mão do nigeriano, foi no meu sonho. Se fosse algo típico da Itália, talvez eu até pudesse ter visto de relance em alguma vitrine e registrado no subconsciente. Mas aquele objeto era tão típico da Itália quanto seu vendedor, e a acreditar nele e em todas as evidências, ambos eram genuinamente africanos.

Enfim, comprei a tartaruga e fiquei ali por meia hora a admirando, abismado, chocado quase.

Mas a série de sincronicidades não acabaria aí.

A casa de câmbio abriu, troquei meu dinheiro. Desci as escadas que iam até as linhas de trem com a tartaruga na mão. Ao final da escadaria havia um bar. Eram quase três da tarde e eu ainda

---

* Com esta você deve ficar. Vai te trazer sorte.

não almoçara. Sentei e pedi um sanduíche e uma Coca-Cola. Pouco depois entrou no bar um rapaz magrinho com um maço de variados papéis na mão. Ia parando de mesa em mesa. O rapaz era surdo-mudo e vendia aquilo para se sustentar. Numa mesa ao lado da minha, pôs um calendário com o alfabeto dos surdos-mudos. Em outra, um adesivo com personagens de Walt Disney. Quando chegou minha vez, colocou ao lado do meu prato uma espécie de mandala: diversos círculos concêntricos, cada um formado por uma série de figuras. Havia um círculo de algas e anêmonas, um de peixes, um de garças. Mas o círculo que mais chamava atenção, o principal motivo da mandala... *Era um círculo de tartarugas!*

Coloquei de lado o prato para observar melhor o desenho. Do outro lado da mesa, a tartaruga africana que eu havia comprado pouco antes. O rapaz apontou para as tartarugas da mandala e depois para a africana, acompanhando o gesto com um sugestivo sorriso. Paguei mil liras e fiquei com a mandala.

A partir de então a tartaruga tornou-se um animal emblemático para mim.

A tartaruga também me parece um símbolo de como se deve ser: tem um ritmo peculiar, todo seu, em que paciência e perseverança valem mais que velocidade ou força.

Sem dúvida pensei na tartaruga quando, mais adiante neste livro, escrevo sobre a importância de se respeitar o próprio ritmo.

A tartaruga faz parte de várias mitologias: grega, hindu, maia e outras mais. Diz-se que foi baseado nos desenhos do casco da tartaruga que os chineses criaram o "I Ching". Era um dos animais sagrados na China antiga.

Passou a sê-lo para mim também.

P.S.: Em maio de 2003, ao revisar pela última vez exatamente esta parte do texto, dentro de um ônibus São Paulo–Rio, uma cena me fez lembrar aquele "dia das tartarugas" em Gênova. Uma moça, surda-muda, percorre o ônibus distribuindo os conhecidos folhetos com o alfabeto dos surdos-mudos. A parte de cima do folheto é destacável, e nela está escrito "Preço: Dois reais". Fico com o folheto e dou à moça uma das então recém-lançadas notas de dois reais, cujo símbolo é, nada mais, nada menos, que uma tartaruga!

In the name of God Amen.
I Samuel M. Ashbee of the island of Roanoke
in the County of Currituck and State of North Carolina
Considering that it is appointed of all men once to die
and that the time of our exit is wholly uncertain.
do make and ordain this to be my last will and
testament in manner [illegible]

[illegible]

Fourthly I give and bequeath unto my [illegible]
daughter Sarah my horse called Bess with
the side saddle and bridle which she usually uses
to ride with. —
Fifthly I give and bequeath to my son James [illegible]
the rest and residue of my property both real and
personal with all debts which may be coming
and due to me, and do hereby appoint my said
son James my true and lawful executor to exe
cute this my last will and testament.
In witness

TANCAT AMB CLAU

"No Universo existe uma força que,
se permitirmos,
fluirá através de nós
e produzirá resultados maravilhosos."

(Gandhi)

O palo de Barcelona

Depois de um mês em Alicante, voltei a Barcelona.

Em Barcelona, a língua oficial é o catalão, mas todos sabem falar também o espanhol. É uma cidade bilíngüe, e desde cedo as crianças têm contato com os dois idiomas. Há jornais e canais de televisão em ambas as línguas e cartazes de negócios e lojas estão escritos de acordo com a preferência do dono. Presenciei curiosas conversas em que as pessoas começavam falando em espanhol, e de súbito, sem nenhuma causa aparente, passavam ao catalão, depois retornando ao espanhol e assim por diante... Em uma estação de metrô escutei um animado diálogo no qual, enquanto um dos interlocutores falava só em espanhol, o outro retrucava apenas em catalão. Na pensão em que morei, havia um senhor que tinha esse costume de, ao conversar com outro catalão, passar assim de uma língua para outra num piscar de olhos, sem que se pudesse determinar alguma causa. Certa vez lhe perguntei o que fazia exatamente com que ele pulasse tão prontamente de uma língua para a outra, e nem ele próprio soube me precisar um motivo concreto, mas sugeriu uma hipótese. Disse-me que quando estava esperando em pé, em uma fila de banco, por exemplo, apoiava-se ora em uma perna, ora na outra, conforme a perna de apoio ia cansando. "Talvez com os idiomas ocorra algo parecido", refletiu. Havia também o outro lado da moeda. Uma minoria, de sentimentos separatistas, se recusa a aceitar que a Catalunha seja parte da Espanha e não um país independente. Esses evitam o quanto podem conversas em espanhol, apesar de sabê-lo falar perfeitamente. Uma vez vi uma senhora pedindo informação a uma outra: "Por favor, señora, donde está la estación de ferrocarriles?" (Por favor, senhora, onde fica a estação de trens?)

"Segón carrer a la dreta." (Segunda rua à direita), respondeu a outra, em catalão.

"Señora, yo vengo de Granada, no entiendo catalán", declarou a primeira.

"Qui vól venir a Catalunya té de parlar catallà" (Quem quer vir à Catalunha tem de falar catalão), retrucou a catalã.

"No comprendo, señora."

"No parlo espanyol."

"Señora, sisplau..." (Senhora, por favor...), implorou a granadina, pronunciando provavelmente a única palavra que sabia em catalão.

"Segunda calle a la derecha" (Segunda rua à direita), concedeu finalmente a catalã, com um ar de triunfo.

Apenas uma vez tive contato com este extremado "orgulho catalão". Estava em uma doceria e pedi, em espanhol, um doce de castanhas. A dona me disse, em catalão, que se eu pedisse outra vez em sua língua ela me daria o maior doce da bandeja, mas se insistisse no espanhol, ficaria com o menor. Por esta ocasião, eu já estava em Barcelona o tempo suficiente para saber pedir um doce em catalão. A mulher ficou satisfeita, mas ao examinar a bandeja concluiu que todos os doces tinham o mesmo tamanho. "Doncs, et donaré dos!" (Então, te darei dois!), foi a solução encontrada por ela para recompensar minha frase em catalão. Esse foi o atentado separatista mais doce e simpático de que tive notícia.

Nos primeiros dias em Barcelona, porém, eu não sabia nada de catalão. Um dia precisei plastificar um documento. Fui a um local, perto da pensão, onde faziam esse serviço. O que me chamou a atenção de imediato foi o nome do lugar: "La Clau i la Sabata". CLAU!! Era uma das palavras da frase misteriosa — "tancat amb clau". Perguntei ao senhor que trabalhava ali o significado de "clau", em espanhol. "Llave"... ele respondeu. Chave. Então pedi papel e caneta, e escrevi a frase toda — tancat amb clau. O senhor me explicou: "Pues, tancat amb clau en catalán es lo mismo que cerrado con llave en español." Fechado com chave!

Como eu pudera, dois meses antes de qualquer contato com aquela língua que eu desconhecia completamente — o catalão —, ter sonhado com uma frase inteiramente correta e que, além disso, se encaixava perfeitamente no contexto do sonho?

Tancat amb clau. Estava explicada a frase do sonho. Peguei meu documento plastificado e saí. "Cien pesetas", gritou lá de dentro o senhor. "Muchas gracias!", gritei de volta, e continuei caminhando, enlevado, pensando na frase que agora adquiria uma sonoridade belíssima — tancat amb clau. "Señor, le dije a usted que son cien pesetas!", repetiu o senhor da loja, segurando-me pelo ombro. Só então me dei conta de que saíra sem pagar, tamanho meu entusiasmo com a descoberta. Dei-lhe as cem pesetas e agradeci outra vez.

A pensão onde fiquei estava num dos bairros históricos de Barcelona: o Barri Gòtic, ou seja, Bairro Gótico. Meu pequeno apartamento ficava num quinto andar, sem elevador, de um edifício de 1839. Esse prédio tinha, porém, um grande atrativo: ficava a menos de cinqüenta metros da famosa "Rambla".

A Rambla é, nas palavras de Ernest Hemingway, "a rua mais bonita do mundo". Até a Idade Média era um córrego. Com o desvio deste, no século XV, ela se transformou num imenso areal que passou a ser usado pelo povo como via de transporte e de passeio. No século XVI, começou-se a edificar ao seu redor — igrejas principalmente. No século XVIII, com o número de casas aumentando e as primeiras fileiras de *plataneros* plantadas, a Rambla começou a adquirir sua fisionomia atual, que, na minha opinião, é a de um cenário fantástico, quase inverossímil. No passeio, entre as duas fileiras de *plataneros*, hoje mais que centenários, se apresentam todos os dias dezenas de artistas "callejeros" (de rua) de todo o mundo. Malabaristas, cantores, mágicos, poetas, pintores, caricaturistas... Podem-se ver apresentações, ao mesmo tempo, de uma dupla argentina de tango, uma "troupe" russa de circo, um brasileiríssimo grupo de capoeira e um velho alemão tocador de harpa. Há gente ali que entrou para o "Guinness" com seus malabarismos, contorcionismos ou embaixadinhas. É um lugar onde o turista pode passar o dia inteiro, todos os dias, que verá sempre coisas novas e interessantes. Um trecho, chamado "Rambla das Flores", possui extraordinários quiosques onde se vendem, além de flores, mudas, sementes, fertilizantes. Essa parte tem uns 150 metros e vai terminar onde começa o trecho que muitos chamam de "Rambla dos Animais", onde se encontram dezenas de quiosques nos quais se vende tudo quanto é tipo de bicho: aves, peixes, porquinhos-da-índia, coelhos anões, camundongos malhados, cobras albinas e, como não poderiam faltar... tartarugas. Enfim, há tudo desde o prosaico peixinho dourado até animais dignos do bestiário de Jorge Luis Borges.

Foi num desses quiosques que ocorreu mais uma experiência fundamental dessa minha nova e afinada sintonia com os mundos sutis.

Eu passava pela Rambla quando parei para observar um velho chinês que fazia serpentes e gafanhotos perfeitos com ramos de palmeiras. Havia uma multidão ao seu redor. De repente, ouço uma voz me chamando. Voz de homem, e, o que era mais curioso: brasileiro. Há uma grande diferença na forma como soa meu nome dito por um brasileiro e por um espanhol. Quem poderia ser? Um ex-colega de faculdade, passando as férias ali? Um vizinho de São Paulo? E então acontece uma coisa estranhíssima: percebo uma semelhança inquietante com a voz de meu pai. Descobri que a voz, já inconfundivelmente dele, não vinha da multidão que observava o chinês, mas de um pouco mais adiante — exatamente das fileiras de quiosques de animais. Fui me aproximando. Já identificara o quiosque de onde vinha a voz, cheio de galinhas e pombos de raça, mas nele só havia o dono, lá dentro, e uma mulher com uma criança olhando as aves.

Quem me chamava então?

Parado em frente ao quiosque, eu olhava para todos os cantos, procurando... E então, como mágica, a voz começou a se modificar, *a se distorcer*. Achei que estava tendo uma alucinação auditiva quando, em segundos, a voz que parecera tão claramente de meu pai transformou-se no canto de um galo. Exatamente — a voz que insistentemente me chamava já não era humana, já não era meu pai, já não chamava meu nome. Era agora o canto de um galo. Um galo preto e imenso que cantava numa gaiola daquele quiosque. Como no sonho com Virgínia, em que eu podia sentir o aroma da luz e a consistência do ar, outra vez (só que agora acordado) meus sentidos se ampliavam, mesclando-se. Eu podia perceber *a cor daquele canto*. O som saía em torvelinhos rubro-luminosos, como brasa, e cada vez que o galo cantava, as pessoas, as árvores, a paisagem toda tomava a cor e a luminosidade da brasa.

Aquele canto me transportou à infância.

Estande de venda de aves situado nas Ramblas.

Um dos meus primeiros *hobbies* foi criar galinhas de raça. Uma vez, fui com meu pai a uma exposição de animais no Parque da Água Funda, em São Paulo, comprar um galo de raça. Eu tinha onze anos. Na volta, nosso carro quebrou. Eram umas dez horas da noite e estávamos a vários quilômetros de casa. Não havia orelhão por perto, não passava um carro por ali. De repente, um milagre: naquelas imediações baldias, aparece um táxi — e livre! "Graças a Deus, estamos salvos!", pensei. O táxi já ia encostando e parando, mas quando viu a gaiola com um galo dentro, acelerou e nos deixou a ver navios.

Eu estava morrendo de medo. São Paulo naquela época já era uma cidade pouco confiável, e aquela área me parecia particularmente assustadora. Mas meu pai percebeu meu medo e durante todo o caminho, que fizemos a pé, tratou de me distrair. Conseguiu. Contava histórias, piadas, cantava e me fazia cantar. Quando já havíamos andado um bom pedaço, me carregou nos ombros, como se já não estivessem pesados o enorme galo e a gaiola, e continuou brincando, cantando e me entretendo. Chegamos em casa quase à uma da manhã. Ele me pôs na cama e foi cuidar do galo — deu água e comida.

Meu galo viveu bastante. Viveu mais que meu pai, coisa que ninguém poderia imaginar. Meu pai morreu em 1990, o galo durou até 1993. Quando o galo morreu de velho, eu já havia apagado da minha memória aquele episódio de companheirismo, cumplicidade e amor que tivera com meu pai, nossa volta à pé para casa.

Por que, mais uma vez, me esqueci?

Aquele galo não era um galo qualquer. Era um galo de "pedigree", campeão, de uma raça americana chamada Gigante Negro de Jersey. Custou caríssimo. Lembro-me do espanto do caseiro do sítio quando soube o valor; disse que aquilo era preço de boi, não de galo.

O galo era, como já diz o nome da raça, preto e gigantesco. Como preto e gigantesco era o galo que agora, quase vinte anos depois, cantava diante de mim na Rambla de Barcelona. Também era um Gigante Negro de Jersey, praticamente idêntico ao meu em cada detalhe, e cantava (era o único do quiosque, cheio de galos, que estava cantando) para me lembrar, mais uma vez, que minha relação com meu pai havia sido cheia de momentos assim,

Foi neste estande que encontrei o galo Gigante Negro.
(Infelizmente, quando dias depois retornei para registrar em foto o ocorrido, o galo em questão já havia sido vendido.)

de ternura e comunhão, os quais, não sei bem por que razão, comecei a apagar da minha memória e a deixar em seu lugar só os momentos maus.

O canto do galo era a resposta à carta que enviei em Barcelona. Era meu pai respondendo à carta — não há a menor dúvida sobre isso.

Como poderia haver dúvida, diante do detalhe que era uma prova irrefutável?

Ao acordar no dia seguinte à exaustiva noite da compra do galo, pulei da cama e fui correndo inspecionar meu campeão. Parecia ainda maior que na noite anterior. O negro reluzente de todo o corpo fazia um contraste lindo com a enorme crista e as barbelas vermelhas. Mas, de repente, percebi uma coisa que me deixou quase em estado de choque.

Os galináceos — recordo aos que só os vêem no supermercado, geralmente sem os pés — têm quatro dedos em cada pé: três voltados para frente e um para trás. Pois bem. Descobri naquela manhã que meu galo tinha *cinco* dedos em cada pé: três na frente e dois atrás! Encontrar um galo de cinco dedos, a não ser em algumas raças específicas, o que não era o caso do meu exemplar, é quase tão difícil quanto ver uma pessoa de seis dedos. E justo o *meu* galo, meu galo *campeão*, pelo qual havia sido pago um *preço* de campeão — o preço de um boi, como disse meu caseiro! Aquilo me parecia uma catástrofe. Se os filhos do galo nascessem com essa característica, talvez eu nem pudesse registrá-los! Liguei para o escritório do meu pai e o chamei no meio de uma reunião, para compartilhar com ele a *terrível emoção*. Quis também telefonar à Associação Brasileira dos Criadores de Aves. Como eles haviam registrado e ainda por cima, *premiado*, um galo fora do padrão da raça, fora do "American Standard of Poultry"? Que falta de preparo e profissionalismo, que fiasco! Que engodo, que fraude! Eu sufocava de indignação.

Passei a manhã angustiado com a horrível descoberta, mas, na labilidade de humores e opiniões típica da infância — da minha, pelo menos —, à tarde aquela me parecia outra vez a ave mais linda e maravilhosa do mundo e seus dedos a mais já eram um detalhe sem importância.

Voltando à Rambla. O galo do quiosque, da mesma raça,

cor e tamanho do meu galo campeão, esse galo cujo canto era inicialmente, com nitidez inquestionável, a voz de meu pai me chamando, esse galo tinha, também... CINCO DEDOS!

Se por acaso, depois de tudo isso, ainda passar pela cabeça de um fanático do ceticismo pensar que foi uma simples coincidência, sugiro que recorra ao bom senso. As evidências falam por si — neste caso chegam a gritar. Ou a cantar.

A cantar como um galo negro de cinco dedos.

"Em qualquer assunto,
é saudável colocar de vez em quando
um ponto de interrogação
em coisas que há muito tempo
são tidas como certas."

(Bertrand Russell)

"Todas as coisas esquecidas
gritam por socorro nos sonhos."

(Elias Canetti)

ESQUELETOS no ARMÁRIO

A verdade me procurou

Durante o resto do tempo em que permaneci na Europa, nunca mais se repetiu aquele sonho específico em que Virgínia, no Solar Rásica, me diz para escrever a carta.

Porém, teria diversos outros sonhos que incluíam o solar, Virgínia, meu avô, meu tio Marko e seus outros irmãos e irmãs.

Nesses sonhos, era comum aparecer do mar, emergindo como um milagre, um personagem bastante intrigante. Pensei se tratar de um santo. Era muito pálido e magro. Parecia uma pintura de santo medieval. Possuía uma auréola que, como na maioria das pinturas medievais, parecia mais um bem delimitado círculo metálico do que o halo de luz mais difuso e radiante que caracterizaria os santos pintados em épocas mais tardias.

Esse ser vivia tentando falar comigo, mas por alguma razão nunca podia aparecer diante dos outros personagens do sonho. Era um santo e ao mesmo tempo um tabu, um mistério que só podia se revelar a mim às escondidas, nas sombras ou nas profundezas do mar — daí talvez sua extrema palidez. Toda vez que ele tentava se aproximar de mim, eu via em seus olhos o medo de ser visto pelos meus parentes. Era, por alguma obscura razão, um proscrito, que ninguém deveria ver, nem ouvir, nem falar a respeito. Um santo maldito.

Em um desses sonhos, resolvi mergulhar no mar atrás dele.

Apesar de completamente submerso, eu conseguia respirar, ouvir e falar perfeitamente, vários metros abaixo da superfície.

Ao perceber que estávamos longe do alcance das pessoas, o ser se aproximou dizendo: "Meu nome é Branco. Não esqueça este nome". Perguntei o que ele desejava de mim, por que vivia tentando se comunicar comigo. Ele respondeu apenas que eu não esquecesse seu nome. "É o que bastará para a minha libertação." Em seguida, transformou-se num golfinho branco e rapidamente fugiu em direção ao alto-mar, desaparecendo em segundos. A última coisa de que me lembro nesse sonho foi uma frase aparentemente tola, saída de minha boca ainda debaixo do mar: "Como o Branco é branco!"

O personagem não tornou a aparecer em meus sonhos e eu só descobriria seu mistério quase quatro anos depois, por sinal na mesma semana em que eu descobriria também o mistério de Giorgia, a irmã caçula de meu avô e filha preferida de Virgínia.

Giorgia também aparecia freqüentemente em meus sonhos.

O que se contava em família (essa era a única irmã cuja morte meu avô se permitia mencionar) é que Giorgia fora a única dos sete irmãos a morrer jovem, pouco antes de completar dezoito anos. Os demais chegariam pelo menos até a casa dos setenta. Meu avô, numa rara vez em que tocou no assunto, contou que Giorgia fora encontrada misteriosamente morta em seu quarto. Sem mais nem menos, a garota que fora dormir esbanjando saúde estava morta pela manhã.

A família (sempre segundo meu avô) ficou atônita, em estado de choque, sem encontrar uma explicação. Virgínia ficou desesperada a ponto de não poder nem acompanhar o enterro da filha predileta. Morreu de enfarte apenas dois meses mais tarde. Para a família, era evidente: Virgínia morrera de tristeza.

Alguns dias após a morte de Giorgia, meu avô teria descoberto atrás da porta da irmã uma cobra morta. E esta ficou valendo como a versão oficial. Ela morrera por picada de cobra.

Giorgia aparecia em meus sonhos sempre muito alegre (meus avós diziam que realmente ela era uma menina alegre), sentada no terraço do solar, balançando as pernas e sugestivamente tentando me mostrar, logo acima do tornozelo, a marca da picada. Ao ver a marca, eu tinha sempre a impressão de que se tratava de uma cicatriz antiga, *de um ferimento já completamente curado sem ter causado maiores conseqüências*. Num dos sonhos, ela revelou: "Estou feliz porque estou junto dele". "Ele quem?", perguntei. "Papai não pode saber, eu não posso contar..." Fazendo a mímica de fechar a boca com zíper, não dizia mais nada, apesar de continuar sorrindo, satisfeita, feliz.

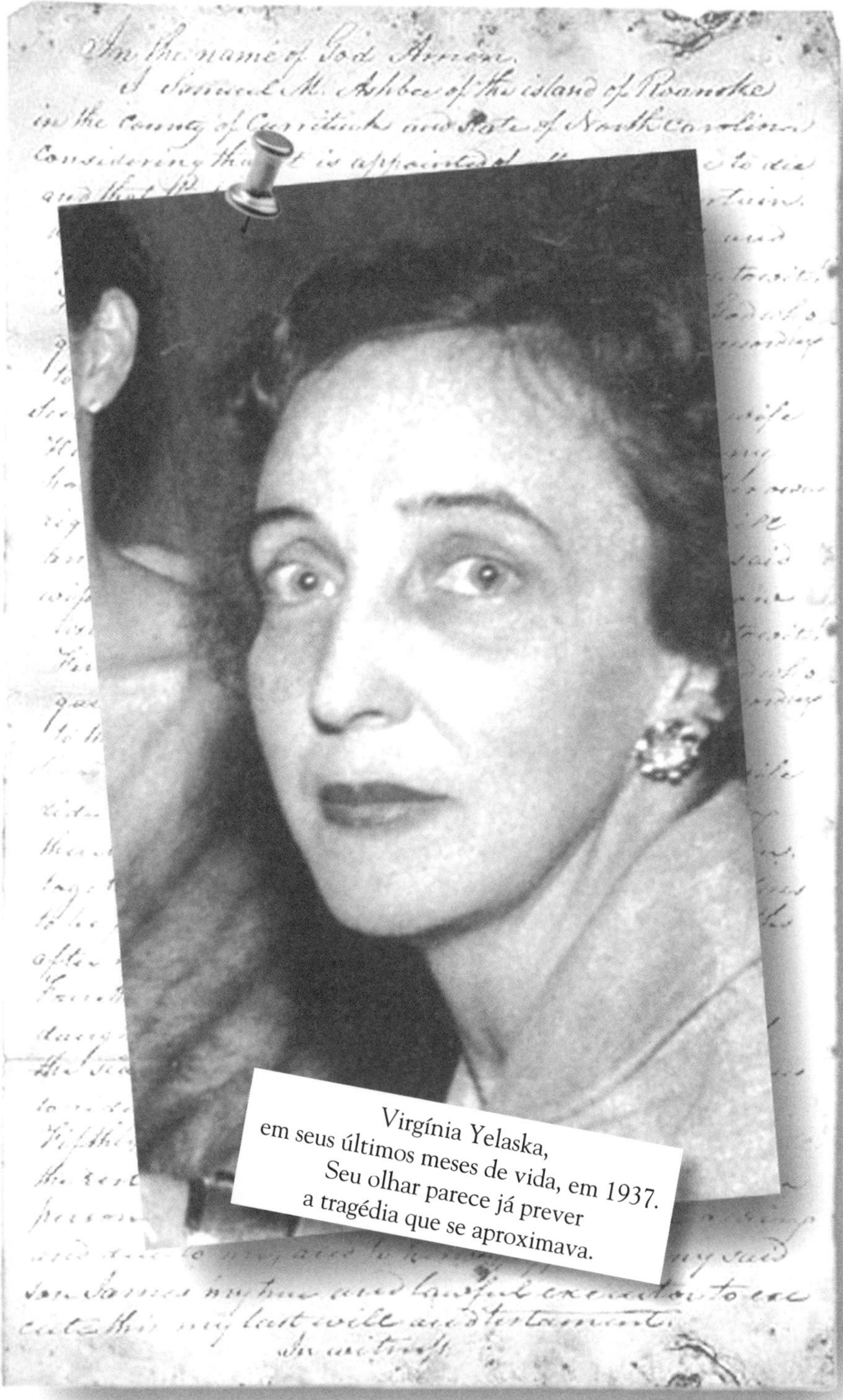

Virgínia Yelaska,
em seus últimos meses de vida, em 1937.
Seu olhar parece já prever
a tragédia que se aproximava.

Façamos agora um "fast-forward" e viajemos até abril de 2002, quando minha avó sofreu o derrame e eu tive que desocupar seu apartamento de todas as coisas.

Num armário desse apartamento eu descobriria uma terrível e encoberta história. (Talvez me parecesse terrível justamente por ter sido encoberta).

Alguns achados seriam decisivos para a "solução" do caso: fotos do túmulo de Branco e o atestado de óbito de Giorgia.

É verdade que eu tampouco saberia a história completa se não fosse pelos efeitos que o derrame causou em minha avó. Uma das mudanças ocorridas em seu comportamento, e que durou cerca de dois meses após o acidente vascular, foi que ela perdeu as suas "travas", falando de coisas que jamais ousaria antes. Tirando proveito dessa baixa de guarda, comecei a fazer sutis interrogatórios a respeito dos dois mortos misteriosos.

Mas antes de revelar o que apurei com minha avó devo descrever meus achados. No que se refere a Branko — era assim que se escrevia, com "k" —, achei duas fotos de seu túmulo, mostrando que ele tinha o nosso sobrenome. Era um parente.

Nascera em 1913 e morrera em 1937, aos 24 anos, portanto, e, curiosamente, no mesmo ano em que morreram Giorgia e Virgínia.

Quanto a Giorgia, achei três fotos de seu enterro e um revelador atestado de óbito. Estava escrito em croata, mas com a ajuda de um dicionário descobri, surpreso, que entre as causas da morte estavam "pneumonia, fraturas múltiplas, ruptura do fígado, perfuração do pulmão esquerdo, múltiplos focos de infecção atingindo diversos órgãos". Creio que cobra nenhuma no mundo seria capaz de tal estrago. Parecia sinistro o caso.

No dia seguinte à descoberta, munido das fotos, fui à clínica onde minha avó se recuperava. Cheguei no meio de sua sessão diária de fisioterapia e esperei ansioso que ela terminasse.

Então comecei o interrogatório.

No princípio ela confirmou a versão oficial sobre a morte de Giorgia — a picada de cobra — e disse não se lembrar de quem era Branko.

De repente, com surpreendente naturalidade, ela me disse: "É claro que ninguém se lembra de Branko. É claro que Giorgia morreu porque uma cobra a picou. É assim que as coisas devem ficar, como dizia sempre seu avô. Mas isso não significa que elas aconteceram assim. Giorgia foi realmente picada por uma cobra, mas se recuperou completamente. Ela foi picada ainda criança. Giorgia morreu aos 18 anos! A cobra não teve nada a ver com isso!"

Por isso ela me mostrava com tanta insistência a ferida curada! Queria que eu soubesse a verdade.

Minha avó continuava. "Branko era filho de Vlatko, que era tio de Giorgia e de seu avô. Giorgia e Branko eram primos, portanto. Vlatko não se dava com o irmão Giorgio, pai do seu avô. Eles haviam cortado relações antes de Giorgia nascer. Além do mais, Vlatko vivia em Zagreb e Giorgio em Dubrovnik, e não tinham a menor vontade de voltar a se ver. Foi só em 1935 ou 36, quando Vlatko morreu de câncer, que Branko resolveu ir visitar os tios e primos. Antes disso, Vlatko não permitiria. Já fazia quase vinte anos desde que Branko vira os primos pela última vez e, naquela época, Giorgia, que era a caçula, como eu lhe disse, ainda nem havia nascido.

"Branko sofrera um acidente quando menino. Não sei como foi, só sei que ele sofreu fratura craniana e teve que usar pelo resto da vida uma proteção metálica na cabeça. Se você o olhasse de frente dificilmente notaria algo. A proteção ficava aqui no alto, bem no cocuruto.

A auréola! Por isso eu via aquela auréola metálica!

"Por ter a cabeça mais frágil e vulnerável que uma pessoa comum — fisicamente, quero dizer — certas coisas não eram recomendáveis a Branko. Mas assim que chegou a Dubrovnik ele insistiu em fazer os mesmos esportes arriscados que os primos, como mergulhar no mar pulando daqueles penhascos altíssimos. Revelou-se um esportista nato, tanto na água quanto na areia — vôlei, futebol, jogava de tudo, incentivado principalmente pelo seu avô, que era o primo preferido.

"Além dos esportes, tinha vários outros talentos. Pintava muito bem, quase tão bem quanto seu tio Bosko. Era charmoso e culto, tinha uma conversa muito agradável e cativante. É o que me disseram, porque eu mesma não cheguei a conhecê-lo. Nem ele, nem Giorgia, nem Virgínia. Todos morreram antes que eu conhecesse seu avô... Enfim; Giorgia acabou se apaixonando por

Branko e vice-versa. Mas, *mas*, eles eram primos. Quando Virgínia e Giorgio descobriram foi um escândalo, um drama naquele tempo, naquele lugar, *naquela família*. Não chegaram a mandar Branko de volta a Zagreb, mas nem seria necessário. Todos ali, até seu avô, deixaram claro que ele não era mais bem-vindo. Branko resolveu ir embora. Foi quando Giorgia teve um ataque de nervos, ou algo assim. Ficou mais de uma semana sem comer, enfraqueceu, teve um princípio de pneumonia, desmaiava repetidamente. Teve que ser hospitalizada.

"A família não podia deixá-la morrer de amor, mas também não permitiria que ela se casasse com o primo. Quando Giorgia voltou do hospital, ficou decidido que Branko permaneceria até ela se restabelecer e depois regressaria a Zagreb no meio da noite, sem que ela o visse ir embora. Não se sabia qual seria a reação de Giorgia, mas assim foi decidido. Seu bisavô Giorgio impôs ainda uma condição: que Branko só voltasse a visitá-los já casado, e de preferência com filhos. Giorgia não tinha idéia do que estava sendo planejado. Pensou que a família tivesse aceitado o romance. Apesar de ainda fraca, ela nunca esteve tão feliz. A recuperação foi rápida. Em duas semanas ela já estava bastante bem.

"Então foi resolvido que Branko partiria na noite do próximo domingo. Giorgia não deveria desconfiar. Mas era clara a sensação de alívio na família por saber que aquela história terminaria no domingo. Voltaram até a tratar bem o Branko, e no próprio dia em que decidiram quando ele iria embora, seu avô convidou o primo para mergulharem uma última vez. Branko não guardava ressentimentos. Sabia que, para aquela família, aceitar um romance entre ele e Giorgia seria como um suicídio moral. Aceitou as circunstâncias sem rancores. Resolveu aproveitar os dias que lhe restavam em Dubrovnik, aceitando com prazer ir mergulhar com seu avô.

"Então aconteceu a tragédia. Ao se preparar para pular no mar, saltando de um penhasco, Branko se apoiou numa grande pedra. Uma pedra que estava ali havia séculos, milênios, que sempre havia sido usada pelos mergulhadores como 'trampolim'. Como que por magia, a pedra se desprendeu do penhasco, diante do olhar atônito de seu avô, seus tios e outros rapazes que estavam por lá. Branko caiu de cabeça mais de dez metros abaixo, não no

Local do acidente de Branko.
No alto do penhasco, de pé,
está meu avô Mario.
Foto de 1930.

mar, mas entre as rochas. Morreu na hora. Aquela queda mataria qualquer um. Ele, então, que já tinha o problema da cabeça... Foi uma desgraça. Seu avô contava, horrorizado, que a proteção metálica se desprendeu no choque com as pedras, voou longe, e que ele pôde ouvir um barulho como uma garrafa de champanhe estourando. Era por isso que... Você se lembra? Era por isso que seu avô não gostava que estourassem champanhe perto dele. Giorgia ficou sabendo poucas horas depois e reagiu extraordinariamente bem. Chorou um pouco, mas não se desesperou, não se descontrolou. Apenas ficou um pouco triste, bem menos do que seria de se esperar. Até jantou bem naquela noite, para espanto da família toda, que pensou que ela ficaria outra vez enclausurada no quarto, passando dias sem comer nada.

"À meia-noite Virgínia subiu ao quarto de Giorgia com um frasco de xarope. Era para um finalzinho de tosse ainda conseqüente da pneumonia. Mas Giorgia não estava no quarto. Havia desaparecido. A família entrou em pânico. Chamaram, gritaram, procuraram por todo o solar. Durante a madrugada, continuaram a busca pelos arredores, ajudados por vizinhos, enquanto uma patrulha costeira procurava à beira-mar. Só às cinco da manhã foram encontrá-la.

Estava a mais de três quilômetros do solar, caída entre as pedras de um penhasco altíssimo. Provavelmente tentara se jogar nas pedras pontiagudas que ficavam uns trinta metros abaixo, mas ao invés disso foi batendo nas pedras de cima — batendo um pouco, escorregando um pouco — até parar a dez metros do mar. Estava viva, mas em condições deploráveis. Seria mais fácil dizer os ossos que *não* estavam fraturados. Uma costela perfurou o pulmão, outra o estômago, ou o fígado... Ela foi resgatada com extrema dificuldade, devido ao seu estado gravíssimo e às próprias condições do local onde caiu. Em seguida foi levada para o hospital. Um médico disse que era um milagre que ainda estivesse viva. Mesmo assim, ela conseguiu se manter razoavelmente estável até a madrugada do dia seguinte, um sábado, quando entrou em coma. Além das fraturas, tinha pneumonia intensa e infecção generalizada. Naquele tempo ainda não tínhamos antibióticos. Apenas um dia depois do coma, o coração parou de bater. Seu avô, nos últimos anos de vida, parece que esqueceu (ou preferiu

Penhasco do qual Giorgia foi resgatada ainda com vida.

esquecer) a verdadeira história. Poucos dias antes de morrer ele ainda dizia, quase chorando — Coitada da minha irmãzinha! Tão novinha, morta por uma cobra... Coitadinha, ela era tão alegre, mas não teve sorte..."

Por uns instantes minha avó ficou muda, com o olhar fixo na TV desligada. Depois, como acordando de um transe, arrematou com um ar de praticidade: "Mas é claro que oficialmente Giorgia morreu de picada de cobra, e Branko... Ninguém se lembra de Branko. Aliás, nem eu. Esta é a versão oficial. É a que conta, não é?"

Não.

Era a que contara até então, mas não seria mais.

Jurei que a partir daquele dia, sempre que tivesse oportunidade, falaria com os parentes sobre aquelas duas almas renegadas, enterradas no lodo da mentira, e que todos os meus descendentes conheceriam a verdadeira história de Giorgia e Branko, a bela e trágica história de amor de Giorgia e Branko.

Naquela tarde, após a esclarecedora conversa com minha avó, percebi por que Branko me perseguia nos sonhos e por que Giorgia me mostrava a picada de cobra já curada.

Eles apenas queriam que eu os resgatasse dos empoeirados arquivos da mentira, que libertasse suas almas através da onipotente luz da verdade, coisa que faço sempre que surge oportunidade, inclusive agora, publicamente, ao escrever este livro.

Coincidentemente, depois que eu soube da verdade, eles nunca mais apareceram em meus sonhos.

Espero que estejam agora, finalmente, descansando em paz. E juntos.

"*Somente a Natureza é infinitamente rica, só ela forma o grande artista. Há muita coisa que pode ser dita a favor das regras de arte, mas, diga-se o que se disser, toda regra destrói o verdadeiro sentimento e a verdadeira expressão da Natureza.*"

(Goethe)

O VELHO

Pássaro fora da gaiola

Após a história de Branko e Giorgia, ou mais especificamente as revelações de minha avó naquela tarde de abril de 2002, comecemos este capítulo regressando alguns anos. Vamos retornar a junho de 1999, quando voltei ao Brasil vindo de Barcelona.

Voltei com a sensação de que tudo o que me acontecera, começando antes da minha ida à Europa e lá aumentando até atingir um ponto espantoso, essas portas para outros mundos e dimensões que se escancaravam para mim, tudo isso ainda necessitava de um melhor entendimento, de uma "digestão".

Para isso foram necessários dois anos em um quase total isolamento voluntário, vivendo no sítio, imerso na Natureza. Raríssimas vezes ia à cidadezinha que fica a cinco quilômetros dali. Os cachorros eram meus companheiros mais freqüentes. De vez em quando via minha mãe, algumas vezes minha irmã. Passei o réveillon de 2001 para 2001 apenas entre bichos e plantas, e assim vivia boa parte dos meus dias, com pouca ou nenhuma interferência do ser humano. Não que eu sentisse, de forma alguma, aversão às pessoas. O fato é que eu tinha muita coisa para falar comigo mesmo antes de falar com os outros.

Mas para tomar a decisão de passar todo esse tempo quase como um eremita, fui auxiliado por poderosos sinais.

Não fui morar no sítio assim que cheguei da Europa. Antes, passei mais de um ano trabalhando em uma revista de animais em São Paulo, também alardeada como "A Maior da América Latina" no setor, exatamente como a clínica psiquiátrica do capítulo do ET. Aliás, o ambiente das duas também devia ser bastante parecido, mas isto já é outra história...

Durante esse tempo trabalhando, as experiências mágicas que vivi ficaram hibernando dentro de mim, à espera de algo, como se eu necessitasse ficar adormecido por uns tempos para me recuperar daquelas experiências tão intensas. Eu sentia, como já disse, necessidade de digerir tudo o que acontecera, mas ainda não estava pronto para essa digestão. Para isso eu precisaria, também, de um ambiente mais sossegado, longe da agitação tão característica de São Paulo.

Nos fins de semana em que eu ia para o sítio e passava os dias inteiros ao ar livre, eu sentia minhas "baterias" sendo carregadas pelo Sol, pelo verde, pela visão de horizontes a dezenas de quilômetros, pela Lua, pelas estrelas, pelo contato com meus animais e plantas... Mas eu sempre precisava voltar, havia arranjado um bom emprego e desgraçadamente dinheiro não dá em árvore. Ao menos não nas do sítio.

Foi nessa época, em que eu trabalhava na revista e me sentia de certa forma oprimido pelo ritmo de São Paulo, que comecei a sonhar com "O Velho".

O Velho apareceu em um sonho, depois em outro dias mais tarde, e então passou a fazer parte deles com freqüência cada vez maior, quase diária.

Na primeira vez sonhei com uma menina que criava cabras. A menina tentava ordenhar suas cabras, mas não conseguia. Não sabia como posicionar seus dedos em relação às tetas das cabras e por isso o leite não saía, ou saía em jorros fracos, irregulares e tortos, indo para todas as direções, menos para dentro do balde. Aproximei-me e comecei a ensiná-la como fazer. Com uma das cabras havia um problema específico: era uma cabra bem baixinha, mas com um úbere penduloso e tetas muito longas, que quase arrastavam no chão, característica não muito rara entre as cabras.

Aliás, por falar na imperfeição das tetas caprinas, abro parênteses aqui para lançar uma pergunta a Deus e aos biólogos, zoólogos, filósofos e sábios em geral. Sendo a Natureza proclamadamente tão sábia, por que as cabras, que freqüentemente parem dois ou três cabritos, têm apenas duas tetas, e as vacas, que só geram um bezerro por vez, possuem quatro? Respostas para leo.rasica@uol.com.br

Fechando os parênteses e voltando ao sonho.

A menina tinha que se abaixar muito para tentar ordenhar a tal cabra das tetas compridas, ou então ficar de joelhos. Em todo caso, ficava numa posição desconfortável, o que dificultava muito a ordenha. Eu expliquei que para esses casos, e mesmo para as outras cabras, o mais prático seria uma plataforma de ordenha: uma construção de madeira, pequena, simples e fácil de fazer, onde a cabra subiria por uma rampa e ela, sentada comodamente ao lado da cabra, faria a ordenha de forma muito mais rápida, fácil e eficiente. Comecei a desenhar um modelo da plataforma. Nesse momento, se aproxima um senhor de bastante idade, 80 anos mais ou menos. Tinha os cabelos completamente brancos e os olhos azuis. Era robusto sem chegar a ser gordo, com um rosto bastante redondo, de bochechas rosadas levemente protuberantes. Era o avô da menina e estivera escutando toda a minha explicação sobre a ordenha das cabras. Pediu para a neta o papel no qual eu desenhara a plataforma e o analisou por um instante. Depois olhou para mim, com seus olhos muito azuis, dizendo: "Se você gosta tanto disso, por que não vive no sítio?" O sonho terminou aí.

Nos outros sonhos acontecia algo diferente. Ele já não era um personagem da "história" (como naquele caso, o avô da menina). Nos sonhos seguintes ele aparecia do nada, sem ter qualquer conexão com o contexto do sonho, mas sempre repetia a pergunta: "Se você gosta tanto, por que não vive no sítio?"

Por meses a fio ele apareceu nos meus sonhos. Ao longo desses meses, fui ficando farto de morar em São Paulo. Após mais de um ano na revista, percebi também que não era exatamente o emprego maravilhoso que me parecera no princípio, além de já não estar valendo a pena financeiramente. Os preços, as taxas, as contas subiam. O salário, não. Estava trabalhando apenas para pagar contas, num emprego que tomava todo o meu tempo e todas as minhas energias, numa cidade que não me oferecia a calma e o contato com a Natureza de que eu tanto estava precisando. Resolvi sair do emprego, deixar São Paulo e ir morar no sítio. Na noite após a decisão, sonhei uma última vez com o velho. Pela primeira vez ele não dizia nada. Apenas sorria.

Eu estava pronto para "a digestão".

Fui para o sítio, dando início a uma fase de muita Natureza, ar livre, isolamento e tempo sobrando. Usava esse tempo para escrever sobre as experiências e impressões que tivera, na tentativa de analisá-las mais claramente. Também recomecei a anotar meus sonhos, coisa que irresponsavelmente havia deixado de fazer em São Paulo. A digestão seria longa, mas não necessariamente pesada.

Cerca de três meses após minha mudança, o pai de meu caseiro F. faleceu. Tivera um derrame alguns anos antes e nunca mais fora o mesmo, nem física nem mentalmente. Agora, um segundo derrame, seguido por uma pneumonia, havia sido fatal.

Fui ao velório, na casa do falecido. A casa ficava no campo, a cerca de dez quilômetros do meu sítio. F. trabalhava para minha família havia mais de vinte anos. Antes do derrame, seu pai o visitava de vez em quando no sítio, e eu também fui uma vez à sua casa quando criança. É incrível que nessa visita ele não estivesse em casa e que por quase vinte anos eu não estivesse no sítio em *nenhuma* das vezes em que ele foi visitar o filho. *Era como se eu não pudesse conhecê-lo*. Conhecia toda a família, menos ele. Ia vê-lo pela primeira vez em seu velório.

Quando entrei no quarto onde estava seu corpo, levei um susto.

Eu o conhecia.

Ele era o velho dos sonhos!

Aproximei-me para ver melhor seu rosto. Não havia dúvidas. Era ele. O único detalhe que eu não podia conferir era a cor dos olhos, que, naturalmente, estavam fechados. Então, perguntei a F. a cor dos olhos de seu pai. "Azuis" — foi a resposta que eu já esperava. Era, sem dúvida alguma, o velho dos sonhos, em cada detalhe. Após responder à minha pergunta, F. fez uma revelação: "Você não conhecia o meu pai, mas ele te conhecia". Explicou. Uma vez, quando eu tinha uns doze anos, o pai viera visitá-lo. Naquele dia eu devia estar ocupadíssimo, pois não passei pela casa de F. durante todo o dia, coisa rara, e nem mesmo percebi que havia visitas. Eu parecia mesmo muito ocupado, contava F., cuidando das vacas, plantando mudas de abacate no pomar, procurando ninhos de galinhas no meio do mato. F. disse que, durante muito tempo, seu pai observou toda essa minha ação e, muito pensativo, parecia quase hipnotizado pela minha visão. Depois de horas sem abrir a boca, ele disse para F.: "Esse menino, aqui no sítio, no meio do mato, parece *um pássaro fora da gaiola*. Deve sofrer na cidade grande". Mais tarde, quando o velho já estava quase indo embora, perguntou ao filho: "Se o menino gosta tanto daqui, por que não fica morando?" F. revelou ainda que por várias vezes, ao longo dos anos, seu pai lhe perguntava por que eu não estava morando no sítio. *A mesma pergunta que ele me fazia nos sonhos*.

Era mais um sinal. Pensei que era assim mesmo que eu me sentia na Natureza, em liberdade, no sítio. *Como um pássaro fora da gaiola*. Como me descrevera na infância o pai de F., o Velho dos Sonhos, cujo velório agora ia terminando.

Exatamente assim. Um pássaro fora da gaiola.

"Não somos seres humanos vivendo uma experiência espiritual. Somos seres espirituais vivendo uma experiência humana."

(Teilhard de Chardin)

OUTRO MUNDO

Minha mãe ou minha irmã?

Quando meu pai comprou o sítio, havia nele três casas. As três eram muito velhas, talvez tivessem quase um século, mas duas ainda estavam em condições de ser reformadas. A terceira, justamente a maior, teria que ser demolida. Depois de colocá-la abaixo, meu pai resolveu abrir uma estrada a uns 10 metros dos escombros. O terreno era bastante íngreme. Portanto, para fazer a estrada, foi necessário rasgar um barranco que em sua parte mais alta devia ter uns três metros. Minha irmã, uma amiga e eu passávamos os dias correndo atrás do rastro que o trator deixava ao abrir a estrada, pois logo percebemos que, ao cavar a terra, a lâmina do trator ia descobrindo centenas de relíquias que provavelmente pertenceram à velha casa. Achávamos ferramentas, talheres, chaves enormes, daquelas bem antigas, e até algumas moedas. Naturalmente estava tudo enferrujado. Aquilo estivera debaixo da terra por, *no mínimo*, três décadas. Mas o que achávamos com mais abundância eram cacos de porcelana. Porcelanas chinesa e inglesa — os desenhos e as inscrições de origem estavam quase perfeitamente conservados. Nunca achamos uma peça completa, apenas cacos, mas íamos montando o quebra-cabeças e conseguimos completar dois pratos e uma xícara. Além disso, sobraram uns três quilos de cacos avulsos. Durante um ou dois anos ainda achávamos alguma coisa quando chovia forte e a água lavava a terra da estrada. Mas depois as "descobertas arqueológicas" terminaram por completo.

Isso foi há cerca de vinte anos. Voltemos à minha mudança. É sempre uma prazerosa emoção para mim mencionar um sinal que recebi já no primeiro dia depois de minha vinda para o sítio.

Sonhei que morava em um lugar, aparentemente uma aldeia, completamente desconhecida para mim. A civilização local era intelectual e espiritualmente muito mais desenvolvida que a nossa, mas, paradoxalmente, as aparências eram as de um povo antigo. As casas eram de madeira ou pedras e as pessoas vestiam-se com trajes medievais. Minha mãe e meu pai eram pessoas que eu não conhecia na dimensão "real", e nem ao menos me recordavam rostos conhecidos. Eles estavam me preparando para uma viagem muito longa, não só no espaço, como também no tempo. Eu tinha uma missão muito importante a cumprir no passado. Como aquela civilização se encontrava no futuro, o "passado" no sonho era o *presente* da minha vida fora dele, da minha vida "real".

Ao se despedir de mim, minha mãe do sonho me deu uma mochila de viagem cheia de mantimentos e um retrato. Era o retrato de minha irmã (no sonho), mais velha que eu, e que alguns anos antes havia sido mandada para essa mesma missão. Eu não sabia se ela não conseguira completar sua missão e eu estava sendo mandado para ajudá-la ou se, ao contrário, *ela* havia sido enviada antes para me ajudar na *minha* missão, como que para "preparar o terreno". O fato é que eu olhava o retrato e só conseguia ver um vago borrão, como se minha visão estivesse embaçada. De qualquer forma, guardei o retrato no bolso da minha camisa e comecei a caminhada. Não sei por quanto tempo viajei, só sei que andei muito.

Cheguei então a um mosteiro. Ignoro se havia ali algum habitante. Durante os exatos sete anos que passei em um aposento desse mosteiro, não vi ninguém. Meu quarto tinha as quatro paredes cobertas por prateleiras com livros, do chão ao teto. Eu sabia que deveria ler muito, estudar muito, para conseguir dar conta da minha missão. Ao cabo de sete anos enclausurado me senti preparado. Abri pela primeira vez as enormes e pesadas portas de minha habitação.

Meus olhos levaram um certo tempo para se acostumarem à luz do dia de sol radiante que fazia, e então tive uma visão surpreendente: fora de meu aposento, uma enorme multidão me aclamava. O mosteiro acanhado no qual eu entrara sete anos antes era agora uma deslumbrante catedral, parecida com a Catedral de São Paulo, em Londres, que eu visitei aos dez anos de idade numa viagem com meus pais e minha irmã, e cujas gigantescas portas de madeira me causaram grande impressão.

Minhas roupas, antes muito simples, roupas de camponês, haviam se transformado num suntuoso traje que me fazia parecer uma mistura de um cardeal da Igreja católica com um czar russo, com direito a cetro na mão e tudo o mais. Não sei como nem por quê, mas eu havia me tornado um personagem muito importante para a Humanidade.

Lembrei-me então da minha missão, e de minha irmã da outra civilização, que deveria me ajudar nesta. Fiquei um pouco preocupado, pois já não estava mais com a camisa em cujo bolso eu colocara o retrato, mas logo me tranqüilizei ao perceber que o traje de "czar" tinha um bolso interno, e lá estava o retrato.

A multidão continuava me aclamando, aplaudindo.

Olhei para o retrato.

Em sete anos, pela primeira vez consegui distinguir o rosto que aparecia nele: minha irmã mais velha no sonho, que fora enviada anos antes de mim para me ajudar em minha missão era, na vida "real", *ninguém menos que minha mãe*.

É curioso observar que existe pouca diferença de idade entre minha mãe e eu (apenas dezessete anos), e a maioria das pessoas nos confunde com irmãos. Em geral as pessoas custam a acreditar que ela seja minha mãe, pois além da pouca diferença de idade ela aparenta ser muito mais nova do que é. Além disso, ela vive dizendo que eu sempre a tratei mais como uma irmã que como uma mãe. Procurei pessoas estudiosas de reencarnação, psicólogos, espíritas e até físicos. Uma resposta muito freqüente que me davam é que minha mãe e eu havíamos sido enviados de uma dimensão superior na qual éramos irmãos. Outra vez um sinal veio corroborar essa sensação.

Voltemos à minha mãe do sonho. Era uma mulher de seus sessenta e tantos anos, robusta, vestida como uma camponesa medieval, com um retalho de lã na cabeça que descia até depois dos ombros, fixo na cabeça por um lenço de estopa. Sua missão naquela civilização era estar continuamente girando os ponteiros de um relógio gigantesco. O relógio se situava horizontalmente, portanto a mulher percorria uma trajetória circular para movimentar os ponteiros, ato que me lembrava os escravos negros que movimentavam antigamente os moinhos de cana dos engenhos de açúcar no Brasil. Essa senhora era conhecida na aldeia como "A Guardiã do Tempo", e sua responsabilidade era enorme. Se aquele relógio parasse, o tempo pararia em todo o Universo e em todas as dimensões. Era muito respeitada por todos pelo seu papel, sua suma importância. Era a própria imagem da obstinação, força, perseverança, rusticidade. Tinha uma expressão facial tão poderosa, forte e digna, que ao acordar não apenas anotei o sonho, como também desenhei a mulher, com a maior quantidade de detalhes fisionômicos que me foi possível lembrar.

Depois de anotar e desenhar esse sonho, fui até o pomar comer uma fruta. Para chegar ao pomar é necessário passar pela estrada da qual falei, a estrada onde, duas décadas antes, eu havia achado quilos de antiguidades.

Como já disse, havia vários anos já não se encontrava nada por ali. Mas dessa vez, ao passar pela estrada, logo vi um pequeno pedaço de porcelana branca.

Era um fato completamente extraordinário. Por mais de quinze anos pelo menos uma pessoa passava por ali diariamente, sem encontrar nada. Recolhi o caco. Ao virá-lo, fiquei maravilhado com o que vi. Na parte que estivera virada para baixo, vi a gravura de uma mulher quase idêntica àquela que eu havia desenhado, a minha mãe no sonho. Era parecidíssima, nos mínimos detalhes: os traços faciais, a expressão, o lenço na cabeça, a pequena mecha de cabelos que saía por debaixo do lenço... Não faltava nada! Imediatamente fui mostrar à minha mãe o achado, e junto levei o desenho que havia feito pouco antes de encontrá-lo. Ela também ficou encantada com a descoberta, mas algo a intrigou. "Esta mulher lembra alguém que nós conhecemos. Quem é?" — ela perguntou. Não respondi nada, mas em minha mente só havia uma resposta: "Esta mulher *foi, é* ou *será* nossa mãe, em algum outro mundo."

Guardo esse pedaço de porcelana com o maior zelo, como uma relíquia entregue por Deus em minhas próprias mãos.

De vez em quando tiro-a da caixinha onde a deixo guardada.

Ao observá-la sempre penso numa frase de Jung: "As sincronicidades nos mostram que estamos no caminho certo".

Aquele pedaço de porcelana foi o mais belo sinal de boas-vindas ao sítio que Deus poderia ter me mandado.

In the name of God Amen.
I Samuel M. Ashbee of the island of Roanoke
in the County of Currituck and State of North Carolina

NOMES do ALÉM

"*O acaso*
é o pseudônimo de Deus
quando não quer assinar."

(Theòphile Gautier)

Cigana

Poucas semanas após ir morar no sítio, eu fazia uma arrumação num grande depósito que meu pai construíra vários anos antes para guardar milho, arroz, feijão e outros produtos de nossas colheitas. Cerca de um terço do depósito estava abarrotado de coisas velhas e eu queria separar as coisas que ainda poderiam ter algum uso das que deveriam ser jogadas fora.

Comecei a separar umas ferragens retorcidas e corroídas pela ferrugem, antigas porteiras. Debaixo de uma delas, descobri algo que eu jamais soubera estar guardado ali, ou talvez escondido. Era o crânio de um cavalo e tinha um buraco de bala na testa. Certamente havia sido idéia de meu pai guardar aquilo, e o resultado é que agora sucessivas ondas de lembranças vinham à minha mente e me faziam recordar outro episódio de evidente sincronicidade, ocorrido muitos anos antes.

Aquele crânio pertencera a Cigana.

Cigana foi a primeira égua que ganhei de meu pai. No dia em que a compramos (eu tinha seis anos, Cigana tinha cinco), minha mãe, meu pai e eu ficamos espremendo nossos cérebros por mais de uma hora para escolher um nome. Boneca. Princesa. Serena. Castanha. Briosa. Brisa. Bruma. Nenhum desses nomes parecia *combinar* com ela.

De repente berro o nome que seria definitivo: "Cigana!" Todos concordaram, não tanto pelo entusiasmo com que eu dissera o nome, mas porque realmente "Cigana" soava como *o nome certo. O único.*

Dez anos mais tarde, numa de nossas cavalgadas em família, passamos por um acampamento cigano. Naquela época — meados

dos anos 80 — eram freqüentes os acampamentos ciganos naquela região. Hoje são raros. Armavam suas tendas, faziam seus negócios e após cerca de um mês ou dois iam para outro lugar.

Os camponeses da região tinham um terror de morte aos ciganos. Atribuíam-lhes poderes mágicos, sobrenaturais, temiam que lançassem pragas e maldições que fariam plantações secarem e rebanhos inteiros morrerem. Os ciganos aproveitavam-se desse temor. Iam até os sítios e "confiscavam" as galinhas e leitões mais gordos, ovos, sacas de arroz, milho e outros produtos. Porém — coisa curiosa — nunca pediam, nem ao mais medroso e submisso caipira, algo de maior valor, como uma vaca ou um cavalo. Estes eles compravam (principalmente cavalos), pagando em "cash".

Sei que existem ciganos dos mais diversos tipos e dos mais diversos caracteres. Pobres, ricos, cultos, analfabetos, honestos, desonestos, os nômades e os de residência fixa. Como em qualquer outro povo, há os que prestam e os que não prestam. O que não posso fazer é adulterar a verdade. *Aqueles* ciganos que passavam pelos arredores do sítio naquela época eram uns aproveitadores de péssimo caráter, e, como eu infelizmente viria a constatar depois, extremamente vingativos.

Voltemos à cavalgada da qual eu falava. Enquanto passávamos a cavalo diante do acampamento, uma velha cigana sorriu, mostrando a boca cheia de dentes de ouro e apontando o dedo em minha direção. Não sabia se ela estava apontando para mim ou para a égua. Uns cem metros adiante, um cigano numa moto interceptou nosso caminho e perguntou a meu pai se ele venderia minha égua por não sei quantos cruzeiros.

Meu pai se limitou a dizer que ela não estava à venda e continuamos nosso passeio, fazendo piadas e trocadilhos com o interesse dos ciganos pela Cigana. Desnecessário dizer que o povo da região jamais recusava uma oferta de compra vinda de um cigano, mas nós, *cultos e civilizados representantes da cidade grande*, achamos uma graça enorme no pitoresco ocorrido.

Dois dias depois já não acharíamos tanta graça ao encontrarmos o corpo de Cigana caído junto à cerca do sítio, morta com um tiro na fronte. No chão havia duas espigas de milho com as quais ela fora atraída até a cerca. Num dos fios de arame farpado haviam amarrado um gavião morto, com as asas abertas e a cabeça pendida sobre o peito, numa posição de crucificado. O gavião era conhecido na região como a "assinatura" dos ciganos em suas vinganças.

E foi com essa "magia", essa "maldição", esse "poder sobrenatural" covarde e nada sobrenatural que aqueles ciganos mataram a minha Cigana: com um tiro na testa.

Meu pai foi até a delegacia da cidade, mas mesmo a polícia parecia querer distância dos ciganos. Ainda me lembro do que disse o delegado de caricatura (gordo, óculos escuros, bigodões e gel no cabelo, era um delegado de cartoon, de gibi do Mickey Mouse). Pois bem, o delegado de Walt Disney se limitou a dizer: "Um conselho? Deixe quieto. É melhor não mexer com *isso*." *Deixar quieto* e evitar cruzar com os ciganos pelo caminho — essa era a recomendação do delegado.

E foi assim que minha égua, batizada unanimemente de *Cigana*, como se não houvesse no mundo outro nome cabível para ela, foi morta por um *cigano*, pelo interesse de outra *cigana*, a velha dos dentes de ouro.

Coincidência? Não me parece. De qualquer forma, a história não terminou.

Em seus quinze anos de vida, Cigana teve três filhos: uma fêmea, um macho e depois outra fêmea.

O nome que demos a seu filho foi *Gavião*. Filho de um garanhão da raça Campolina, Gavião nasceu com o perfil convexo do pai (também chamado chanfro de burro ou de carneiro), raro entre os cavalos, exceto em algumas poucas raças, como a Campolina, na qual é característico. Recém-nascido, seu perfil parecia ainda mais convexo, e minha mãe disse que ele parecia um *tucaninho*, sugerindo o nome *Tucano*. Não achei imponente e poderoso o suficiente e optei por Gavião, que, afinal de contas, tem o bico até mais convexo que o do tucano. Gavião — o símbolo da vingança daqueles ciganos. Na época eu nem fazia idéia desse detalhe.

Porém, novamente, através de um nome, eu conectava minha égua ao seu triste fim.

Eu?

Eu, ou alguma inteligência superior que me "soprava" os nomes fatídicos, ou, quem sabe, incutia em minha mente lampejos de futuro?

"Inventai-me a justiça
que absolve a todos,
exceto aquele que julga."

(Nietzsche)

AFOGADA

Um pedido de perdão

Um sonho recorrente que eu tinha, durante o período em que morei no sítio, era o da *afogada*.

Nesse sonho eu passava férias numa cidade à beira-mar, e alguns vizinhos vinham me avisar: "Você soube? Uma mulher morreu afogada esta noite. O corpo ainda está na praia. Você tem que ir até lá para ver." Não sei por quê, mas realmente eu *tinha* que ir ver a morta, era como um *dever* meu.

Andei em direção à praia e, de repente, já não havia praia, já não havia mar... Só um deserto com dunas de areia dourada. Entre as dunas, visualizei com esforço a figura de uma mulher que vinha andando em minha direção, vestindo uma camisola branca.

Ao ficarmos frente a frente, percebi sua extrema magreza e sua palidez cadavérica. Seria ela a morta? Perguntei: "É você a mulher que se afogou?"

"Sim, sou eu." — respondeu com uma voz muito baixa e rouca. Eu voltava a perguntar, intrigado: "Desculpe, mas como é possível se afogar aqui? Não tem água!"

Ela então arregalava uns olhos enormes, circundados por olheiras quase negras, e começava a tossir. Entre os acessos de tosse, me dizia com grande dificuldade: "Eles têm que me perdoar. Você precisa convencê-los a me perdoar!"

A tosse ia piorando, enquanto o local onde a mulher estava se revelava um ponto de areia movediça, e, quanto mais ela tossia, mais ia afundando, até sumir diante dos meus olhos.

Esse era o sonho.

Voltando agora à vida "real". Nas proximidades do sítio vivia um casal de conhecidos, que identificarei aqui como sendo "João" o marido e "Maria" a esposa.

Em 1991 João foi preso.

Ficou na cadeia por três anos e dois meses e lá vivenciou experiências nada agradáveis, que o marcariam pelo resto da vida.

Por que João foi preso? Porque uma moça, que aqui será identificada como "Ana", com catorze anos na época, afirmou ter sido molestada sexualmente por ele.

Mas a história não era bem assim. Ana era apaixonada por João. Todos os vizinhos sabiam que era ela quem vivia assediando-o, e não o contrário. Aliás, assediando não só a ele, como a vários outros homens, quase todos casados, que moravam ali no bairro. Perseguia-os a cavalo, surpreendia-os em encruzilhadas, mandava cartas ameaçadoras às esposas. Fazia isso com vários. Mas com João era diferente. "Dele eu gostava", diria Ana mais tarde.

Certo dia, em sua exasperada obsessão, Ana abordou João exigindo que ele abandonasse mulher e filhos para ficar com ela. João, em sua total perplexidade, nem se deu o trabalho de responder. Apenas deu uma risada, numa mescla de espanto e complacência, que mais tarde ela classificaria como "uma estocada no coração". Inconformada, Ana fez a ameaça: "Você vai se arrepender..."

Dias depois, a polícia estava à procura de João. A acusação era corrupção de menor. A moça havia feito o exame de corpo de delito, e realmente tinha certos indícios de haver sido "violentada", embora, como a própria polícia diria depois, o resultado do exame poderia ter sido auto-infligido, ou ainda causado por outro homem.

Mas a obsessão de Ana era vingar-se de João. E o erro de João foi entrar em pânico. Ao invés de esperar a polícia, buscar um advogado, se defender, ele acabou fugindo.

Depois de uma semana foragido, foi finalmente encontrado e preso. Após um julgamento, foi mandado para mofar por mais de três anos numa prisão. Nesse meio-tempo, lá fora, Ana teve dois filhos. Um de cada pai. Nenhum deles de João.

Após cumprir a pena, um amargo e traumatizado João foi liberado e tentou, na medida do possível, voltar à sua antiga rotina. Ana já havia mudado de cidade.

Os anos foram passando e o tempo se encarregou de fazer a

história cair no esquecimento para todos, exceto João, que jamais esqueceria seus três anos de inferno.

Em meados de 2001, outra vez sonhos e vida real se entrelaçariam.

Era julho, época da seca. Meu carro deixava uma nuvem de poeira ao passar pela estrada de terra que levava ao sítio.

De repente, vejo andando pela estrada uma mulher muito magra, meio cambaleante sob o calor tórrido e seco. Diminuí a velocidade do carro e percebi que ela tossia muito. Tive pena e ofereci carona. "Vai para onde?" – perguntei. "Para o sítio do João F.", respondeu, em meio a um acesso de tosse. De vez em quando levava um lenço azul à boca, onde se podiam notar algumas manchas de sangue. Dentro do carro, a mulher não parava de tossir. Sufocava, arquejava, revirava os olhos. Dava até medo que morresse ali mesmo. Quando já estávamos quase no sítio de João, a tosse pareceu acalmar um pouco. Ao parar o carro, só para não estar sem dizer nada durante toda a carona, perguntei: "É parente?"

"Não" – respondeu a mulher. "Por uma mentira minha o João foi preso. Vim pedir perdão." Depois de tossir mais um pouco e retomar o fôlego, completou: "Estou doente. Não quero morrer sem que eles me perdoem. Os dois – ele e a mulher".

Nesse momento, *só então*, reconheci a mulher. Era a afogada do sonho! A "afogada" era Ana, a moça que havia ocasionado a prisão de João. Deixei-a ali e fui para meu sítio.

No dia seguinte, não agüentando de curiosidade, fui fazer uma visita a João. Ele não estava. Fiquei esperando, enquanto conversava com sua mulher. Ela me pôs a par de tudo. Disse que a moça estava com câncer na garganta e tinha medo de morrer sem que ela e João a perdoassem. Maria disse que o marido não quis saber de conversa com a moça, saiu de casa no momento em que a viu. "Mas eu não, eu dei um copo d'água pra ela, a gente até proseou um pouco. O que passou passou..." – contou Maria.

"E você a perdoou?", perguntei.

"Ih, não foi por falta dela insistir. Mas não sou eu nem o João quem tem que perdoar. É a Deus que ela deve pedir perdão. Foi isso o que eu disse a ela."

"Mas ela quer o perdão de vocês, com Deus ela se entende depois..."

"Quer perdão por medo, não por arrependimento! Teve dez anos para pedir perdão! Por que só agora? Eu não tenho que perdoar ninguém!" — declarou.

"Mas, Maria, a moça está morrendo..."

"Deus sabe o que faz" — finalizou Maria, encerrando a conversa.

Pouco depois chegou João. Também não quis nem tocar no assunto.

No outro dia, fiquei sabendo que Ana, a "afogada", estava na cidade, na casa de uma irmã. Estava dizendo que voltaria à casa de João e Maria quantas vezes fosse preciso, até que eles a perdoassem. Não podia morrer sem isso.

Imediatamente fui à casa de João e tentei persuadi-los a perdoar a doente.

Eles pareciam irredutíveis, até que eu contei sobre os sonhos. Disse que Ana aparecia repetidamente em meus sonhos, implorando por perdão. Contei que ela já aparecia em meus sonhos inclusive antes de retornar a Lindóia, *muito antes que eu a conhecesse pessoalmente*.

Isso deixou os dois visivelmente assustados. Ao primeiro comentário de Maria, descobri o porquê: "É melhor mesmo a gente perdoar logo, João, porque depois ela morre, vira uma alma penada e fica perseguindo a gente pro resto da vida".

Ofereci-me para levá-los até a casa da irmã de Ana naquele mesmo instante. Eles concordaram.

Paramos em frente à porta. Desci e toquei a campainha. A irmã veio atender. Estava chorando. "Ai, ela piorou muito! Tem gente que diz que é castigo, mas ninguém merece sofrer tanto... O senhor não imagina a agonia que é quando ela *afoga!*"

Afoga. Aquela palavra chamou minha atenção.

É curioso que o pessoal mais simples da região diga "afoga" quando quer dizer "engasga" ou "sufoca". Dizem, por exemplo: "O cachorro morreu *afogado* com um osso de frango" ou "A menina *afogou* com um pedaço de goiabada". Lembro-me agora da manchete de um jornalzinho local: "Morre vereador afogado com fumaça da churrasqueira". Talvez por esse vício da expressão regional, Ana aparecesse nos meus sonhos como uma afogada.

Enfim entramos no quarto onde estava Ana. Eu diria que era

já um cadáver estendido na cama, não fosse pelos esparsos suspiros que ainda dava, no esforço de respirar.

Realmente havia piorado muito. Tinha dois fiozinhos de sangue nos cantos da boca. Resolvi deixar João e Maria sozinhos com Ana.

Após uns dez minutos, os dois saíram do quarto. Vi lágrimas nos olhos de Maria. "Está feito. A moça está perdoada. Agora é com Deus" — disse ela.

Ofereci carona de volta. Os dois vieram muito calados, pensativos. "Ninguém sabe direito o que faz com catorze anos" — repetiu duas ou três vezes Maria, como para justificar seu perdão.

João, no entanto, só se manifestou quando parei o carro em frente à sua casa. Olhou para o céu, onde já começavam a aparecer algumas estrelas, e disse num tom muito triste — "Podem até dizer que é castigo. Mas eu acho que ninguém merece sofrer desse jeito."

Então percebi que ele não apenas *dissera* a Ana que a perdoava. Ele *realmente* a perdoara.

Ana morreu na manhã seguinte, 23 de julho de 2001, aos 24 anos.

A *afogada* nunca mais apareceu em meus sonhos.

"Eu não estudava meus sonhos
para interpretar minha vida.
Eu estudava minha vida
para interpretar meus sonhos."

(Susan Sontag)

"Existem janelas da alma
através das quais podemos ver imagens,
criadas não pela imaginação humana,
mas pela concepção divina."

(George Russell)

JANELAS da ALMA

Vida *versus* Morte

Eu tinha ainda um importante problema não resolvido, que ficou por muitos anos adormecido.

O suicídio de minha avó.

Numa tranqüila tarde de verão, eu pescava com um amigo. Seu pai havia falecido dois anos antes, num acidente envolvendo uma moto, na qual o pai estava, e um caminhão. Ao que parecia, a culpa havia sido do caminhoneiro. No entanto, meu amigo não gostava de comentar o assunto e até então nunca falara comigo sobre o caso.

Estávamos sentados lado a lado, calados, esperando que um peixe mordesse a isca. E de repente, do nada, ele murmura: "O que fizeram com meu pai não se faz nem com um animal". Em seguida me contou em detalhes como a tragédia ocorrera e arrematou repetindo a frase: "O que fizeram com meu pai não se faz nem com um animal". Nesse exato momento, um bagre mordeu a sua isca. Ele puxou com tanta força que o peixe saiu da água para ir se estatelar diretamente no meu rosto. Aquela *peixada* na cara foi como se eu tivesse recebido a manifestação física da revolta do meu amigo. Fui lavar o rosto, e, enquanto fazia isso, percebia que *também eu* sentia naquele momento uma grande revolta, mesclada a uma sensação de vazio, de um difuso *desperdício*, mas sabia que não tinha nada a ver com o pai do rapaz, que eu nem chegara a conhecer. Não, era alguém muito mais próximo de mim. Pensei em meu próprio pai, mas de alguma forma ele *não se encaixava* no que eu estava sentindo. Não, não era meu pai. E somente horas depois, quando eu, só, observava o pôr-do-sol à beira do lago, descobri quem me causara a estranha sensação. Minha avó.

Chamava-se Yvonne minha avó, e era linda. Após ficar viúva

com apenas 30 anos, começou a demonstrar sintomas do transtorno bipolar, talvez mais conhecido pelo antigo nome: psicose maníaco-depressiva. Eu, porém, nunca conheci o lado doente de minha avó, pela simples e lógica razão de que quando ela estava em crise, ou "surto", não vinha me visitar. Portanto, eu conhecia apenas uma avó maravilhosa, a avó que todo neto quer ter, que assistia a "Tom & Jerry" comigo, me enchia de presentes, me levava ao cinema e fazia todas as minhas vontades, desde fazer desenhos obscenos que eu pedia até o "funeral" de um rato morto que certa vez encontrei nas areias de Copacabana.

O trágico é que ela pensava a seu respeito a mesma coisa que eu. Ou seja, que não tinha problema algum. Por isso, sem que minha mãe nem minha bisavó soubessem, parou de tomar o medicamento que seu psiquiatra lhe receitara havia alguns anos, o carbonato de lítio. (Dias depois de escrever este capítulo, eu leria numa revista médica, perplexo e com o sentimento de desperdício redobrado, que a taxa de suicídio em pacientes bipolares que param bruscamente de tomar o lítio aumenta nada menos que *dezesseis* vezes!) Algumas semanas sem o medicamento bastaram para que ela tivesse a pior crise de sua vida. Até que, numa manhã, ingeriu dezenas dos comprimidos que havia deixado de tomar e em seguida, atordoada e furiosa, atirou-se da janela de seu apartamento, no sétimo andar. Era manhã do dia 25 de abril de 1978. Eu tinha pouco mais que cinco anos.

Eu logo soube que ela havia morrido, mas não chegava a compreender inteiramente a situação. Minha primeira reação foi uma mescla de espanto e incredulidade. Na minha cabeça de cinco anos, eu só conseguia pensar: "Morreu como, se outro dia fomos ao cinema? Morreu como, se me prometeu um 'Falcon' e ainda não me deu? Morreu como, sem me *avisar*, sem me *pedir* antes? Morreu como, *se estava viva?*"

Apesar de minha pouca idade, me lembro de muitos detalhes daquele dia. Lembro-me, por exemplo, de minha mãe sentada no sofá da sala, brincando comigo, e de repente o telefone tocando. Do outro lado da linha, minha bisavó, em pânico, dizia que minha avó estava ameaçando se atirar pela janela, e logo largando o telefone após dizer que ela estava realmente se dirigindo à janela. Claro que eu não *via* o que acontecia do outro lado da linha, tampouco *ouvia*

Minha avó Yvonne aos 19 anos, em 1951.

a voz de minha bisavó através do telefone, mas podia *adivinhar* o que estava acontecendo através das palavras e reações de minha mãe, como no momento em que começou a gritar: "Não deixa, vovó, não deixa, segura ela, que eu estou indo aí!" Minha avó, muito mais forte e mais jovem, não era páreo para minha bisavó. Portanto, quando esta pegou de novo o telefone, segundos depois, foi para anunciar a tragédia já consumada. Recordo o grito possante de minha mãe, e ela depois chorando e repetindo a palavra "mãe". Eu também chorava a seu lado. No entanto, o desespero foi só no momento exato do evento; talvez alguns segundos mais. Logo após, minha mãe, com a cabeça inclinada para trás, apoiada na almofada do sofá, ainda chorava, mas de uma forma tão serena, tão resignada, que era como se ela já esperasse, *como se já soubesse*.

Interessante essa minha impressão, pois minha mãe, que por diversos anos mal conseguiu tocar no assunto, quando leu esta parte me disse que realmente sentia algo assim, como se desde sempre previsse o final que minha avó teria, embora não tivesse motivos, pois ela conta que tinha essa sensação já desde criança, muito antes de minha avó dar qualquer sinal de desequilíbrio. Assim, por exemplo, minha mãe desde muito nova tinha o hábito de imaginar como pareceriam as pessoas quando ficassem velhas. Fazia isso com parentes, amigos e até consigo mesma. O mistério é que a única pessoa que ela nunca conseguia imaginar com mais de uma certa idade era, justamente, minha avó. "Nunca consegui imaginar minha mãe velha", contou-me, revelando também que sempre considerou esse fato, secretamente, como uma espécie de presságio.

Lembro-me de outros detalhes daquele dia. Meu pai saindo para ir buscar minha bisavó e pouco depois retornando com ela. Minha mãe e minha bisavó chorando e se abraçando. Recordo também frases assustadoras para mim naquele dia. Meu pai murmurando disfarçadamente para meu avô paterno, num canto da sala: "Aqui atrás a cabeça estava rachada..." Claro que eu não *deveria* ouvir, mas sempre tive ouvidos supersônicos, de cachorro, ouvia tudo. Minha avó suicida tinha essa mesma habilidade, segundo minha mãe. De qualquer forma, durante muitos anos eu duvidei se realmente ouvira a chocante frase sussurrada por meu pai, ou se a havia fantasiado. Naquela época, creio que a idéia do dano físico me causou mais horror que a própria morte. Ao ouvir aquelas palavras (que eu não deveria), pensei nos desenhos animados, pensei em personagens caindo do alto de arranha-céus e de castelos que alcançavam as nuvens. Pensei no Coiote caindo sempre de precipícios grand-canyonescos após perseguir o Papa-Léguas. E o que acontecia com ele? No máximo levantava uma nuvenzinha de poeira, ficava de pé meio grogue e resmungando, e na próxima cena, segundos depois, já estava outra vez composto, ágil, elástico e pronto para muitas outras. E por que minha avó não? Com minha avó não seria assim, parecia que algo de muito errado ocorrera naquele desenho. Hoje muito me admira que em minha infância, após a morte de minha avó, eu ainda me divertisse tanto com o Coiote do Papa-Léguas, ao invés de cair em prantos com suas sucessivas quedas abissais.

Mas a frase terrível, que me perseguia, a frase que eu às vezes duvidava ter escutado, essa eu realmente ouvi.

Quase vinte anos após o fato, minha mãe recordava o relato de uma tia que fora ao IML ver o corpo. Essa tia disse que a cabeça estava bastante enfaixada, que era como se minha avó estivesse usando um turbante. A tia não parava de repetir (provavelmente estava meio histérica): "A Yvonne estava linda! Parecia uma capa da Vogue usando um turbante! Estava uma verdadeira capa da Vogue!" Estava parecendo um turbante. *Um turbante*. Mas por que tanta faixa? Tanta faixa, porque eu não fantasiara aquela frase murmurada por meu pai. Eu a ouvira.

Mas aquela foi apenas a primeira *frase terrível*. Até meus vinte anos, época em que minha bisavó faleceu, eu ouviria repetidamente de sua boca a frase: "O barulho! Nunca vou me esquecer do barulho que fez!" Porém, de todas as *frases terríveis*, as piores eu ouviria no primeiro dia em que fui à escola após o suicídio. Tivemos uma aula de desenho e a professora separou a classe em grupos de cinco crianças por mesa. É claro que os grupos conversavam mais que desenhavam. Uma menina do meu grupo também morava na rua Sabará, num prédio em frente, ou ao lado, do de minha avó. Então ela contou o que havia acontecido na semana anterior.

O zelador do seu prédio ligara para todos os apartamentos dizendo que fechassem as cortinas e não deixassem as crianças se aproximarem das janelas, pois "uma mulher" havia se jogado do sétimo andar do Edifício Presidente. Mais tarde alguém acrescentaria — era "uma mulher que morava com a mãe". A menina, Carla Renata (nunca esquecerei o nome: Carla Renata), adotou então um tom teatralmente trágico. Solene e pensativa, como uma filósofa de cinco anos de idade, murmurou: "Minha empregada disse que a mulher ficou toda roxa". Eu queria sair correndo daquela mesa, mas estava petrificado. Era terrível ouvir meus colegas comentando a morte de minha avó como se tratasse de uma notícia ouvida no "Jornal Nacional" ou no "Fantástico". Carla Renata não se permitia parar de desenhar sua casinha enquanto ia dando mais detalhes, saboreando a atenção de crianças que começavam a vir de outras mesas. "Ficou uma poça de sangue no chão. *Enoooooorme*. Depois veio um homem lavar. E teve que passar 'Cândida'..." As crianças e a professora (até a professora, tia Silene, veio escutar) estavam curiosas e algo horrorizadas, mas emocionalmente a bilhões de anos-luz daquela mulher, daquela "mulher que morava com a mãe". Aquela mulher era minha avó, fato do qual nenhuma das crianças desconfiava, e que obviamente não me atrevi a revelar. Baixei a cabeça escondendo as lágrimas de indignação, fingindo concentração no meu desenho, enquanto intimamente desejava uma tragédia para cada uma daquelas crianças (não me lembro se também para tia Silene), para que aprendessem a não falar de minha avó sem lágrimas esguichando, sem soluços convulsivos. Para que nunca mais a tratassem como uma notícia do "Fantástico" ou um comercial de "Cândida".

Por algumas semanas minha avó conviveu comigo não como uma notícia nem como um comercial de TV, mas como um zumbi. Não estava inteiramente viva, tampouco inteiramente morta.

Mas algo em mim se modificara. Eu, um excelente e comportado aluno, estava terrível na escola. Agredia colegas, ridicularizava professoras, tornava as aulas impossíveis. Até que minha mãe foi chamada. No dia seguinte, ela me forçou a tocar no assunto, que até então eu jamais mencionara nem quisera ver mencionado. Só então percebi que evitar uma realidade não a invalidava, não a neutralizava, não a transformava e nem mesmo a suavizava. Então, numa explosão de choro, me rendi e aceitei a primeira grande dor da minha vida. Já no dia seguinte, voltei a ser o bom e comportado aluno de antes. A aceitação do fato, por duro que fosse, fez com que eu voltasse ao normal.

Mas não completamente.

Foi isso o que percebi mais de vinte anos depois, quando aquele peixe bateu no meu rosto e eu senti a mesma revolta e sentimento de perda que o meu amigo expressara ao falar sobre o pai. Por mais de vinte anos achei que havia aceitado a tragédia completamente. Por mais de vinte anos achei que aquilo já estava assimilado, digerido e resolvido. E agora, numa casual e agradável pescaria, eu percebia que faltava muito, muito ainda, por assimilar, digerir e resolver.

Por "incrível coincidência", esta coincidência sempre entre aspas, o apartamento de onde minha avó se atirara, que agora pertencia à minha mãe, estava vago. O inquilino mais recente saíra havia cerca de um mês, pois lhe nascera o terceiro filho e ele precisava de um apartamento maior.

Mais uma vez, um sonho veio decidir de que forma eu deveria resolver meus impasses.

Foi um sonho muito breve, em que minha avó se limitava a abrir a porta do meu quarto no sítio, onde eu cochilava, e sentar-se à cabeceira da minha cama. Eu acordava e fazia menção de levantar-me. Ela então me dizia: "Não... Volte a dormir. Eu só quero que, na semana que vem, você venha passar uns dias lá em casa". Ela em seguida me cobria, beijava meu rosto e suavemente fechava a porta. Eu voltava a dormir instantaneamente. Creio que acordei pouco depois, pois o sonho estava extraordinariamente vívido quando abri os olhos, e nesse momento eu sabia exatamente o que fazer. Deveria ir ao local onde minha avó se suicidara. O apartamento de minha mãe, na rua Sabará, em São Paulo.

Pus no carro um colchonete e algumas roupas e fui para São Paulo.

Eu nunca havia visitado aquele apartamento depois da morte de minha avó. Mais de duas décadas. Ao chegar pedi as chaves ao zelador e enquanto subia o elevador ia tentando me lembrar do apartamento que visitara pela última vez aos cinco anos. Eu me lembrava vagamente de alguns aposentos, do piso de pastilhas da área de serviço, da *fatídica janela* e de alguns objetos que, obviamente, não estariam mais ali.

Ao abrir a porta, percebi que minha memória de criança de cinco anos me fora bastante fiel. Aproximei-me daquilo que considerei a parte mais importante do apartamento: a janela, claro. Ocupava quase metade de uma das paredes da sala, dando para a rua. A primeira coisa que notei foi uma rachadura no vidro próximo à maçaneta. Imediatamente pensei: "Terá esta rachadura sido feita antes, depois ou... *durante o salto?*" Agarrei as duas maçanetas e me impulsionei contra o peitoril, tentando imaginar, ou melhor, *reconstruir* o último gesto de minha avó. Assim fiquei por cerca de dez minutos. Era perto do Natal e no prédio da frente havia uma gigantesca, magnífica árvore iluminada. Quantas pessoas que viam agora aquela árvore teriam visto o corpo de minha avó lá embaixo, ou talvez até mesmo seu vôo desesperado?

Começava a escurecer e resolvi sair para comer alguma coisa. Na volta, bastante cansado da viagem, estiquei o colchonete junto à janela, acendi um pequeno abajur que havia trazido e tentei ler um pouco até pegar no sono. No entanto, logo desisti do livro e passei a me concentrar outra vez na janela. Eu deixara uma fresta aberta por causa do calor, e comecei a sentir entrar por ela uma brisa suave e morna. *E essa brisa, suave e morna, eu a sentia como uma carícia de minha avó.* Com essa sensação, adormeci. Foi um sono repleto de sonhos. Em um deles, minha avó, minha mãe e eu estávamos de pé, lado a lado, de frente para a janela. De repente, a janela se tornou um grande espelho e minha avó começou a apontar nossos traços fisionômicos. Fazendo isso ela procurava mostrar as semelhanças entre nós três. Curiosamente, eu tenho feições bem mais parecidas com as de minha avó do que de minha mãe, como se seus traços tivessem pulado uma geração. Minha mãe sempre frisou a semelhança entre o rosto de minha avó e o meu, especialmente olhos, sobrancelhas e nariz. Inclusive a cor dos olhos: os meus são castanhos, como eram os de minha avó. Já os de minha mãe são verdes.

Houve outros sonhos, porém foi esse, da janela se transformando em espelho, que considerei o mais significativo e que ficou martelando na minha cabeça, como se houvesse nele uma importante mensagem que eu devesse captar.

No dia seguinte, desci ao jardim do prédio. Ao passar por um certo lugar, tive o palpite inevitável: "Acho que foi por aqui que ela caiu..." Permaneci por algum tempo obcecado com a idéia do local exato da morte de minha avó. Passei mais de uma hora sentado em um banco que havia ali por perto, olhando para o lugar que minha imaginação manchava de sangue. Subi.

Passei a tarde repassando na mente momentos de minha infância passados com ela. Idas à praia no Rio, presentes até não mais caberem em meu quarto, nós juntos desenhando — eu vivia pedindo para que ela desenhasse pessoas fazendo xixi, o que ela fazia com todos os detalhes. Lembro-me que eu reclamava muito dos pescoços que ela fazia nos desenhos, que eu considerava desmesuradamente compridos. Para mim, pescoços eram uma aberração, uma inutilidade; eu queria que a cabeça se inserisse diretamente no tronco. "De novo?! Tira isso!" — eu esbravejava com minha avó. "Mas, meu amor, isso é o pescoço..." — respondia ela, inutilmente. Eu tinha verdadeira aversão a pescoços. Afinal, a cabeça continha os traços fisionômicos, as feições distintivas do desenho. O tronco dava volume, além de conter diversos órgãos vitais. Os membros serviam para a locomoção, além de completar o aspecto humanóide do desenho. Mas o pescoço... Para que *aquilo*? Vários anos depois uma amiga psicóloga me explicaria que simbolicamente a função do pescoço é separar os pensamentos dos sentimentos. Mas será que na prática esta separação é viável?

Lembrei-me também de nós dois procurando palitos de sorvete na praia. Para quê, mesmo? Depois de muito puxar pela memória, recordei: é que fizemos uma cruz de palitos de sorvete para o funeral do rato de Copacabana.

Minha mãe conta que minha avó era completamente fanática por mim e que, quando as duas brigavam, seu maior medo (totalmente infundado, diga-se de passagem) era que minha mãe a proibisse de me ver.

Mais uma vez dormi acariciado pela brisa da janela (ou de minha avó?) e tive outra noite repleta de sonhos. Num deles, outra vez a janela se transformava em espelho, outra vez minha avó, minha mãe e eu estávamos de frente para ele, só que dessa vez minha avó apontava apenas para a própria imagem e repetia várias vezes: "Não está na cara? Não está na cara que eu estou viva?" Despertei no meio da noite com uma idéia louca. Haveria algo naquela janela pedindo para ser visto? Seria ela realmente um espelho? Levantei-me no escuro e quase encostei a cara no vidro da janela. Fiquei observando os reflexos coloridos que as luzes da rua e da grande árvore de Natal criavam em meu rosto, tendo como pano de fundo a escuridão do apartamento. Cheguei a pedir, em voz alta, para que minha avó aparecesse, e então... Não aconteceu nada. Dessa vez custei a pegar no sono.

No outro dia, lá estava eu de novo investigando "o local" no jardim. Não pensava em outra coisa a não ser "*O Local Exato*", "*O Ponto do Impacto*", "*O Sítio da Morte*". De repente, como uma reação a tais pensamentos, minha mente voou para o outro extremo, bem mais intrigante: a Vida. Num turbilhão, num vendaval de idéias e sentimentos, comecei a relembrar os sonhos dos últimos dias, especialmente o do espelho, as recordações de infância, e milhões de outras coisas. E então, que surpresa a minha ao finalmente decifrar as mensagens que me estavam sendo mandadas desde que eu entrara naquele apartamento! Que surpresa ao descobrir de quantas formas minha avó Yvonne permanecia viva!

Para começar, permanecia viva nos meus sonhos — sempre, sempre, aparecia neles, não apenas nestes últimos dias. Vivia também na brisa que soprava pela fresta daquela janela, e também na sensação de que eu nunca estava só naquele apartamento. Estava viva nas minhas melhores recordações, as quais eu guardo como um tesouro... Até mesmo biologicamente, através de seus genes, vivia em minha mãe, vivia em mim. Era este o significado do sonho do espelho!

Era tão claro que minha avó ainda vivia!

No dia seguinte, ao ir embora, corri os olhos ainda uma vez pelo jardim e concluí: "Que cego eu fui! Para que serve saber o lugar onde ela morreu? *O que importa é saber onde ela nunca morreu!*"

Mais um ciclo se concluía, se estilhaçava mais um obstáculo à minha sintonia com a plenitude do Todo, do Infinito, de Deus.

Ao voltar à minha cidadezinha e reencontrar meu amigo da pescaria, contei o que havia acontecido comigo e o aconselhei a não pensar com revolta ou rancor em seu pai morto, mas ao contrário, procurá-lo vivo. Tentei dar uma amostra da infinidade de lugares onde ele poderia encontrá-lo. Olhando-se no espelho. Observando e amando seus irmãos. Reconhecendo uma similaridade no olhar do tio, uma semelhança na voz do avô. E, principalmente, mirando outros espelhos mágicos chamados sonhos e lembranças, onde as imagens vão passando, passando e passando sem cessar, como um caleidoscópio de amor, significado, alegria e paz, caleidoscópio este que caminhão descontrolado nenhum jamais poderá tirar, nem dele, nem de ninguém.

Mensagens

"Sempre me surpreendeu o modo
como o homem comum
dá muito mais credibilidade e importância
aos eventos que ocorrem quando está desperto
do que àqueles que ocorrem nos sonhos.
Quem disse que os sonhos não podem solucionar
as questões fundamentais da vida?"

(André Breton)

Os cinco sonhos com Cigana

Na época em que morei no sítio, durante cinco noites consecutivas, outra vez minha égua Cigana participou do meu processo rumo à Sintonia* e às viagens a outras dimensões.

Antes de contar como, quero dizer que *sempre* sonhei muito com ela, principalmente após sua morte. Por estranho que pareça, sonhava mais com ela do que com pessoas da minha própria família que já haviam falecido, como meu pai, meus avós, minha bisavó.

É interessante observar que em quase todos os sonhos ela falava. Quase sempre contava segredos, fazia revelações, dava conselhos.

Devo dizer que Cigana, tanto em vida como após sua morte, sempre representou para mim uma imagem de autoridade.

Como já contei, quando a compramos ela tinha cinco anos, e quando foi morta, quinze. Por volta da época de sua morte, tínhamos no sítio uma tropa de vinte e três cavalos. Cigana sempre foi a líder. Havia cavalos maiores, mais velhos, mais jovens, fêmeas, machos, potros e até uma mula. Nunca nenhum animal contestou ou ousou desafiar a autoridade e liderança da Cigana.

Cigana era bem consciente de seu papel de líder também no que se referia à proteção do grupo. Um exemplo disso ocorreu poucos meses depois de comprarmos o sítio. Tínhamos então quatro cavalos: Cigana, dois machos castrados e uma égua prenha. Mais

* Com "Sintonia", palavra que irá aparecer algumas vezes nas próximas páginas, me refiro a um estado especial que combina uma profunda harmonia com o nosso "Eu" e um intenso estado de alerta e conexão com nossas circunstâncias ambientais e psíquicas, levando à possibilidade de contatos e interações com os Mundos Sutis.

tarde, Cigana iria formar um bando com eles, mas nas primeiras semanas de convivência ela parecia detestá-los, não permitindo sua aproximação em um raio de uns 50 metros, chegando a persegui-los às dentadas, patadas e coices.

A égua prenha acabou dando cria um mês antes do previsto, pegando-nos de surpresa. Além de ainda não estar pronto o piquete-maternidade que estávamos preparando, ela teve a falta de sorte de parir perto de um barranco. O potro prematuro, em suas primeiras e desajeitadas tentativas de ficar em pé acabou despencando barranco abaixo e quebrou uma das pernas dianteiras.

O parto ocorreu numa madrugada de sábado. Minha família e eu, como de costume, chegamos ao sítio horas depois, manhã de sábado, ainda sem saber de nada, mas já na porteira fomos avisados pelo vizinho (que nos servia de quebra-galhos enquanto não arranjávamos um caseiro) sobre o recém-nascido. Apesar de termos sido informados sobre a queda do barranco e a perna quebrada, nossa maior preocupação foi outra. "Meu Deus, a Cigana vai estraçalhar o potrinho!", exclamou minha mãe. Todos tínhamos o mesmo receio. Que ela machucasse não só o potro, mas também a mãe, que desta vez, com o instinto maternal falando mais alto, poderia tentar resistir a uma investida de Cigana.

Portanto, qual não foi nossa surpresa ao vermos que Cigana não só suprimira qualquer instinto agressivo em relação a Paloma (a égua que parira) como a ajudava a lamber o potrinho. Fazia também esforços com o focinho e a cabeça para que ele ficasse de pé. E, ainda por cima, estava sempre alerta para que os cavalos machos, curiosos, não se aproximassem, espantando-os quando eles chegavam perto demais. A cena era comovente.

Infelizmente, o potro não resistiu ao parto prematuro e à queda do barranco. Morreu naquela mesma noite.

Desde então, Cigana e Paloma passaram a andar juntas. Mais tarde, os machos também se incorporaram ao grupo, mas todos sempre mantendo uma distância respeitosa de Cigana e dando-lhe prioridade em qualquer circunstância privilegiada.

Provavelmente por tudo isso, Cigana passou a representar para mim um símbolo de liderança e autoridade. Tornou-se um ser mítico, um arquétipo.

Era quase como um guia espiritual. Aparecia em meus sonhos

principalmente em situações-chave, freqüentemente me apontando uma solução.

Certa vez, li uma entrevista de um professor de física quântica que passara a estudar o xamanismo e outras crenças e religiões de tribos indígenas. Dizia que em muitas tribos os índios possuem guias espirituais, que pode ser um pajé, um xamã ou um parente, vivos ou já falecidos. No caso de guias já falecidos, o mais comum é que se comunicassem através de sonhos ou transes.

Porém, o mais interessante para mim era que em algumas tribos, esse guia espiritual, já falecido e que aparecia em sonhos, poderia ser um animal.

Se eu tenho um "animal-guia", sem dúvida é a Cigana, e os sonhos que tive (e continuo tendo) com ela foram particularmente importantes na época em que fui morar no sítio para "digerir" os fenômenos ocorridos na Europa.

Através de cinco sonhos com Cigana, em cinco noites consecutivas, consegui compreender melhor e sintetizar o mecanismo do que havia ocorrido comigo, quais mudanças haviam propiciado a abertura aos mundos sutis e em quais delas eu deveria perseverar.

Eram sonhos em que, ao contrário do usual, pouco ou nada ela falava. Mas a *mensagem* era passada com clareza inconfundível, devido a seu contexto e sua significativa simbologia.

*"Deve-se aprender a entrar em contato
com o silêncio que há dentro de nós
e saber que tudo na vida tem um propósito.
Não existem erros nem coincidências; todos os eventos
são bênçãos enviadas para nos ensinar."*

(Elizabeth Kübler-Ross)

A MONTANHA

Luz e calor

Primeiro sonho

Eu vivia em uma aldeia, situada em um vale cercado por cadeias de montanhas altíssimas.

Um dia, Cigana se aproximou de mim e delicadamente, com a boca, começou a puxar-me pelo braço, querendo que fôssemos dar uma volta. Coloquei nela os arreios e a sela e deixei que guiasse nosso passeio.

Logo percebi que ela tomava o caminho para o cume da montanha mais alta. Eu nunca havia ido tão longe. Seria uma cavalgada e tanto, exigindo muito cuidado, esforço e atenção. Levaria vários dias, durante os quais não teríamos a companhia de mais ninguém. Mas valeria a pena...

Quando chegamos ao cume da montanha, diante de meus olhos se desvelou um grandioso panorama. Vi um mundo completamente novo, um cenário que minha simples imaginação jamais seria capaz de igualar. Pela primeira vez eu vejo o mar e conheço um azul desconhecido por mim até então. Vejo ondas arrebentando contra rochas e explodindo em filigranas de espuma, para depois continuarem até a praia, cobrindo a areia dourada como uma película brilhante e lustrosa de cristal líquido. Vejo árvores e animais diferentes dos que existem em minha aldeia, seres com os quais jamais sonhara. Descubro, com espanto, que minha aldeia não é a única, há uma série de outras aldeias espalhadas além das montanhas. Observo que, visto lá de cima, o pôr do sol começa com um dourado radiante que minutos depois se torna um vermelho sangüíneo, para enfim transformar-se num violeta escuro, e não obstante pleno de brilho e luminosidade. Eram cores sempre fortes, vivas, quase violentas, que, apesar de serem para mim a revelação de um Mundo Novo, me enchiam de um sentimento de nostalgia, por aquele mesmo Mundo, como se uma misteriosa parte de mim já o conhecesse há tempos eternos.

Aquele era o "Outro Mundo", onde tudo era novo para mim, mas estranhamente o que eu sentia em relação a esse *novo* era saudade, o que me deixava confuso e fazia levantar suspeitas sobre se de fato aquela era minha primeira viagem ao "Outro Mundo".

Passamos algumas horas no cume da montanha e depois voltamos. Ao retornar à aldeia, fui recebido calorosamente pela minha gente, à qual contei sobre as maravilhas que tinha visto lá de cima.

Mais tarde fui chamado para uma conversa secreta com um grupo de anciões da aldeia que já haviam alguma vez atingido o cume dessa mesma montanha. Passamos horas conversando e trocando impressões numa grande tenda. Conversamos até a hora de dormir. Ao amanhecer, Cigana enfiou a cabeça pela entrada da tenda e com a boca puxou-me outra vez pelo braço. Saí pé ante pé para não acordar os anciões.

Cigana queria voltar ao cume da montanha. Já estava arreada e selada, e levava na garupa um saco de estopa com mantimentos, o que significava que dessa vez permaneceríamos por mais tempo.

Novamente subimos a montanha, e outra vez a expedição foi extremamente proveitosa. Pude perceber detalhes que não notara antes, além de comparar e confrontar certas coisas com as informações e impressões dos anciões.

No dia seguinte, no retorno à aldeia, outra vez fui recebido com alegria. À noite me reuni de novo com o Conselho dos Anciões.

E assim o processo continuava, ininterruptamente. Eu subia a montanha, registrava tudo o que minha mente podia absorver (sempre, porém, com a misteriosa sensação de que muitas daquelas *novidades* eu não estava conhecendo e sim *reconhecendo)* e com a maior quantidade possível de informações retornava à aldeia, sempre recebido calorosamente e sempre cruzando minhas informações sobre o panorama além-montanha com as do Conselho dos Anciões.

Creio que fiz essa excursão de subida à montanha umas quatro ou cinco vezes, até que despertei. Curiosamente, acordei com a virilha e a parte interna das coxas bastante doloridas, como se eu efetivamente tivesse feito longas cavalgadas.

Não apenas por essa sensação física, mas também por uma indescritível combinação de nostalgia e entusiasmo, percebi que havia tido mais um de meus "sonhos especiais", aqueles sonhos que eu considerava mais como *um contato, um trespassar de barreiras dimensionais*, que como um sonho propriamente dito.

Passei longas horas pensando no sonho e analisando sua incrível quantidade e qualidade de detalhes. Subitamente, percebi que aquele sonho, contato ou o que fosse, já fazia parte da minha "digestão".

As subidas e descidas da montanha, a recepção festiva e calorosa da aldeia e as importantes e solenes conversas com o Conselho dos Anciões representavam, na prática mas também simbolicamente, uma das condições primordiais para se atingir a Sintonia.

Essa condição é a **alternância de momentos de isolamento e integração.**

Sintetizo aqui as conclusões às quais cheguei.

Para se chegar à Sintonia é preciso, antes de qualquer coisa, aprender a conviver consigo mesmo, tornar essa convivência algo prazeroso e enriquecedor. *É ótimo ter amigos, mas seu melhor amigo deve ser sempre você mesmo*. Isso deve ficar bem claro.

O Homem não foi feito para viver no isolamento total, como um eremita do deserto comendo gafanhotos. Mas há pessoas que não conseguem estar sós nem por um dia, algumas nem mesmo por algumas horas. Há algo de profundamente errado com essas pessoas que não suportam a própria companhia, que se angustiam perante a possibilidade de ficarem a sós consigo mesmas. *É evidente* que alguém que não consegue ter um relacionamento saudável consigo mesmo, *não o terá com mais ninguém*. Há aqueles que fazem qualquer coisa para não estarem sós. Querem distância do seu "Eu" essencial, temem-no como a um demônio. Para escapar à "tortura" de estarem sós, preferem ir à busca de pessoas com as quais não têm a menor afinidade, anestesiam-se com álcool, tranqüilizantes, ou qualquer outra droga que esteja à mão. Transformam-se em escravos que idolatram seu próprio tirano (a droga, neste caso), convencidos de que o maior bem que pode existir nesta vida é a ausência de autoconsciência, o auto-engano, a ilusão, enquanto a consciência de si mesmos é considerada uma cruz pesada demais para ser suportada. Bem, esses são os piores casos. Mas o ser humano em geral não gosta de estar só, e, principalmente em nossa cultura ocidental, é muito mal-acostumado nesse sentido.

Uma pessoa que não cultive períodos de isolamento e introspecção jamais chegará à Sintonia. Esses períodos dependem de temperamento, predisposição e ritmo pessoal de cada um. Sendo assim, não há regras. Esses períodos podem ser anos, meses, dias, ou mesmo minutos. Há momentos particularmente iluminados e produtivos, nos quais segundos podem ser mais efetivos que anos.

Em suma, as pessoas não devem virar eremitas, mas tampouco devem temer algumas horas ou, se necessário, alguns dias em solidão, *pois esses momentos podem valer ouro.*

No sonho da montanha, por exemplo, toda vez que eu a subia e via aquele panorama magnífico, eu estava vendo, finalmente, as coisas um pouco mais como elas são, e menos como eu as preconcebia (ou mesmo ignorava), apesar de reconhecer nesse mesmo panorama uma misteriosa memória que vinha não sei de onde. Mas o resultado é que eu estava começando *a trocar o preconceito, a superstição e a ignorância por conhecimento e sabedoria.*

No entanto, para chegar à essência dos elementos (que nada mais são que as partes componentes do Todo), é necessário vê-los como a sobreposição de dois fatores:

a) O elemento como a Humanidade o vê (visão coletiva, senso comum, de caráter gradual, aditivo e potencialmente moderador)

b) O elemento como o Indivíduo o vê (visão individual, de caráter explosivo e potencialmente caótico)

Cada elemento tem um valor coletivo, em certa medida acessível a todos, e também um valor individual, ou seja, o significado que aquilo tem para o indivíduo e para ninguém mais, e que poderia ser comparado a um "mapa" da sintonia do elemento com o indivíduo.

A conjunção desses dois fatores, trabalhadas ao longo do tempo em períodos de isolamento (expansão explosiva da visão individual) e reintegração à sociedade (expansão aditiva da visão coletiva — *não confundir com inconsciente coletivo*, que é totalmente outra coisa), é um dos passos que propiciam a Sintonia. Essa expansão da visão coletiva nas fases de reintegração à sociedade se deve ao efeito catalisador do cruzamento de informações, tema que abordarei mais adiante.

A visão individual é muito importante e poderosa, mas não é suficiente. Ela sozinha pode ser inclusive perigosa, levando a pessoa a perder-se em labirintos confusos de fantasia, em idéias delirantes. O isolamento excessivo, mal dosado, pode ser nocivo, por seu potencial de gerar ilusões e distorções, desordem e caos. Na melhor das hipóteses, pode resultar em conceitos errôneos e anômalos, em aberrações da razão e dos sentidos.

Com a visão coletiva, não se corre o risco de perder-se nesses labirintos, porém jamais se chegará à essência das coisas. A visão coletiva, comum, se limita à superfície. Ela é aditiva e gradual, e não explosivamente reveladora como a visão individual. Sem chegar à essência, não pode haver conexão — *não pode haver Sintonia*. Por outro lado, a visão coletiva pode ter uma importantíssima função moderadora, ordenadora, detendo ou corrigindo o potencial de caos da visão individual.

Assim, para seguir os passos da Sintonia com os elementos, e conseqüentemente com o Todo, são necessárias a fantasia, intuição, unicidade e originalidade da visão individual, mas *também* o senso comum, mais prático e realista, da visão coletiva.

Voltando ao cume da montanha. Eu vi as coisas lá de cima, ampliei minha visão de mundo. No período em que fiquei lá, observando e pensando em tudo aquilo, fui me *apropriando* do que via e sentia, ligando cada uma daquelas visões e sensações a uma idéia minha, surgida não mais de um preconceito, mas da relação de uma mente única e original com todo o novo que eu realmente vi e senti. Tudo aquilo é rapidamente registrado, cruzado com minhas idéias preexistentes e introjetado em algum confim da minha mente. Ainda estou, neste momento, no estágio introdutório. Ainda não cheguei ao significado essencial do que está diante de mim, mas estou chegando lá. É necessário um tempo variável para todo esse processo. Absorver e digerir tudo o que vi e senti, formar idéias a respeito dessas novidades e *confrontar* essas novas idéias com as que eu já tinha preconcebidas, *colocá-las para lutar*. É disso exatamente que se trata: uma luta, uma batalha entre idéias. Como nas guerras, as mais frágeis poderão ser completamente aniquiladas, poderão ser subjugadas pela dominante ou então assimiladas por esta. Esse processo requer o isolamento. *No isolamento faz-se a luz*.

Porém, é necessário também o senso comum do significado geral. Isso é o que chamei de *cruzar informações*, e é o que eu fazia, no sonho, na tenda dos anciões. Mais cedo ou mais tarde você terá que descer a montanha, reunir-se com sua gente e discutir suas idéias com outras pessoas que também já subiram àquele cume. Ou seja, *cruzar informações*. A integração consolida e dá têmpera às idéias. Ao tentar explicar uma idéia você a está tornando mais clara e concreta não só a seu próximo, mas a você mesmo, o que é mais importante. É como o forno que endurece a argila. *Na integração faz-se o calor*. Este era o calor que eu sentia no sonho quando retornava à aldeia, um calor muito mais espiritual do que físico.

O processo continua, cíclico: subo outra vez até o cume e tenho novamente a visão panorâmica e reveladora. Sob o impacto explosivo, a mente se expande bruscamente e elabora mais idéias. Dou mais alguns passos na direção da essência — na minha própria e na do novo mundo que me envolve —, especulo já sobre a conexão entre essas duas entidades: Eu e o Mundo. Eu e o Todo. Depois, desço a montanha novamente, mergulho no contato humano, troco idéias, intercambio opiniões, aparo arestas de um certo excesso de fantasia, redimensiono, regulo as proporções, *adiciono e simultaneamente modero*, "tempero" minhas novas descobertas com o senso comum das coisas.

Outra vez subirei a montanha, sentirei agora os elementos de forma diferente, porém lá em cima intuição, imaginação e instinto continuarão sendo os mestres. Outra vez a explosão.

Outra vez descerei a montanha. Agora o mestre é o senso comum. Outra vez a adição reguladora, que acrescenta, mas também modera, *consolida*.

Luz e calor, luz e calor... Sucessivamente, num ciclo incessante.

O mais belo dessa viagem é que ela nunca acaba para o viajante. Dura enquanto ele durar, existe enquanto ele existir.

"A condição de todos os
ocupados é miserável, contudo
a mais miserável é a daqueles
que nem se molestam com suas próprias ocupações,
que regulam seu sono pelo alheio,
que caminham segundo as passadas dos outros
e que estão sob ordens
mesmo nas mais livres das coisas: odiar e amar.
Estes, se quiserem saber quão breve é a vida,
que considerem quão insignificante
é a parte que lhes cabe."

(Sêneca)

A ROMARIA

O respeito ao próprio ritmo

Segundo sonho

Nesse sonho eu era criança. Tinha cerca de dez anos de idade e estava participando de uma romaria de cavalos. Obviamente, ia montado na Cigana.

Naquela época — ou seja, quando eu tinha dez anos — eram muito comuns as romarias a cavalo em intenção de um determinado santo. Em centenas de cavaleiros, fazíamos percursos de 20, 30, às vezes até 50 quilômetros. Com paradas em igrejas e povoados, uma pausa para o almoço e outra mais tarde para o lanche, as romarias chegavam a durar o dia inteiro e eram sempre uma aventura para mim.

Nesse sonho, tudo corria bem, até determinado ponto do caminho.

De repente, Cigana pareceu perder o controle de seus passos, ou, mais especificamente, *de seu ritmo*.

Se ao lado dela passava um cavalo lento, ela bruscamente diminuía sua velocidade e passava a seguir o ritmo do tal cavalo. Se depois se aproximava um outro a galope, ela saía em disparada atrás dele; então passava outro mais devagar e novamente ela mudava, de imediato, do galope ao passo lento, quase fazendo com que eu voasse da sela.

A tendência era sempre acompanhar a marcha do cavalo mais próximo, como se ela não mais soubesse que ritmo seguir, e completamente desorientada, necessitasse de um ponto de referência *para saber como se locomover*.

Minhas tentativas de soltar ou prender as rédeas não faziam nenhuma diferença. Era como se ela não sentisse o freio. Precisava *ver* outro cavalo e seguir seu ritmo, não importando qual fosse.

Subitamente, passa por nós uma égua branca a toda e Cigana vai atrás como uma bala. Eu tentava puxar as rédeas com todas as minhas forças, mas era completamente inútil. Mais adiante, para meu pânico total, havia um cavalo parado. Como eu já esperava, ao se aproximar dele Cigana parou tão bruscamente que uma das barrigueiras da sela arrebentou, e a sela (comigo junto) foi parar quase em seu pescoço. Por pouco não fui jogado longe.

Porém, o pior estava por vir.

Logo atrás de nós vinha correndo, ainda mais veloz que a égua branca, um enorme garanhão tordilho. Quando Cigana parou de repente, ele já estava muito perto de nós. Foi questão de menos de um segundo para que eu percebesse o desastre iminente, pulasse da sela, e puxando Cigana pelas rédeas com todas as minhas forças, tentasse em vão tirá-la do caminho do garanhão, que devido à sua velocidade e proximidade, não conseguiria parar a tempo.

Aconteceu o desastre.

Vendo Cigana parada em sua frente o tordilho empinou, jogando ao chão seu cavaleiro, mas nem assim conseguiu evitar o choque. Apesar da tentativa de desviar da Cigana, ao empinar ele já estava com quase metade do corpo sobre o dela, e, ao completar o movimento, acabou por derrubá-la enquanto jogava as patas dianteiras para cima. Quando suas patas desceram, os cascos enormes pisaram em cheio uma canela da Cigana, quebrando-a em dois locais.

Logo veio um veterinário, saído não sei de onde, e disse que não havia nada a ser feito. Cigana teria que ser sacrificada.

Um caminhão de gado a levaria até o sítio, onde ela seria "posta para dormir", como repetia o veterinário com um certo cinismo. Fui durante todo o caminho com ela, na carreta, acariciando sua cabeça deitada sobre meu colo. Seu olhar dirigia-se ao meu com uma expressão totalmente humana, ou mesmo sobre-humana. Um olhar de anjo, de mártir, de santo. Eu chorava sem parar.

Acordei com lágrimas nos olhos.

A mensagem desse sonho pôde ser captada facilmente, especialmente por estar ligada a um tema ao qual sempre dei muito valor: a importância de se seguir o próprio ritmo.

Lembrei-me de uma frase de um grande escritor: "Todo caminho que não seja o seu lhe será fatal". *E todo ritmo também*, pensei.

Uma das coisas mais difíceis para quem quer atingir a Sintonia, tendo em vista a rotina neurotizante e quase desumana da sociedade em que vivemos, é o respeito ao próprio ritmo.

A pessoa que quiser seguir seu ritmo próprio (e muitas vezes terá antes que descobri-lo) encontrará alguns obstáculos. Afinal, somos diariamente massacrados por uma série de obrigações em relação à família, à sociedade, ao trabalho, ao Governo, ao nosso corpo — e às roupas que o cobrem, e às máquinas que o conduzem — e uma lista infinita de etcéteras.

Dada a triste impossibilidade de jogarmos tudo para o alto e vivermos absolutamente sem obrigações, nos resta lutar com toda a força e tenacidade para atingirmos o que resolvi chamar de *Factível Insuperável do Momento*. Ou seja: entre a muralha que nos separa da liberdade plena e o mundo paradisíaco e utópico dessa mesma liberdade plena, há uma estreitíssima, escorregadia e sinuosa trilha que podemos seguir e que é a única que poderá nos levar ao caminho da Sintonia. Esta trilha é o Factível Insuperável do Momento (F.I.M.), o que significa que, tendo em vista aquelas obrigações das quais temos absoluta impossibilidade de escapar, considerando nossa precária condição de seres humanos — mas sem, contudo, nos escravizarmos a essa condição —, devemos realizar todo o possível para obter a liberdade necessária para respeitar nosso ritmo próprio. Devemos atingir o grau de liberdade insuperável *para aquele momento e para aquelas circunstâncias*. A trilha do F.I.M. leva ao caminho da Sintonia.

O conceito do F.I.M. deve ser usado desde o ritmo de tomar decisões até a própria definição de biorritmo. Por exemplo: há pessoas boêmias, "da noite", que se sentem melhor, pensam melhor e são mais criativas durante esse período, chegando durante ele e *somente durante ele* a atingir momentos de suma Sintonia. Com outros se dá o contrário; rendem melhor durante o dia, alguns imediatamente ao despertar podem ter revelações — são bastante comuns os *insights* ao despertar —, outros têm seus momentos de ouro à tardinha, quando a vertiginosa velocidade do dia começa a desacelerar e dá lugar a um certo relaxamento. Enfim, os ritmos individuais na espécie humana são muito mais diversos e variados do que quer nos fazer crer a sociedade, e devem ser considerados nada menos que *sagrados* por quem quer atingir a Sintonia. Outro exemplo: o ritmo para tomar decisões. Alguns necessitam analisar por longo tempo um problema, "ruminar" as possibilidades, e só depois se sentem capazes de decidir. Se forem pressionados durante esse processo, terão grandes chances de tomar a decisão errada. Com outras pessoas ocorre o oposto: sentem necessidade de resolver as coisas rapidamente, guiadas pela intuição, pela "corazonada", como se diz na Espanha, e, se pensarem muito, aí sim é que podem se enganar. Não se pode dizer que nem um modo de agir nem o outro seja mais correto ou eficaz. Cada pessoa tem um modo que é mais adequado a seu ritmo e um ritmo que é mais adequado à sua alma.

Em suma: a diversidade humana é imensa e irredutível a regras, ritmos e horários comuns a todos. Em nossa sociedade cruelmente padronizada, a maioria das pessoas tem seu ritmo pessoal violentado.

Uma das soluções — ou, mais realisticamente, um tímido princípio de solução — seja talvez o exemplo de certos empresários de mente aberta que permitem jornadas de trabalho flexíveis, horários móveis e iniciativas do tipo.

Mas, enquanto esperamos que a mente dos empresários vá se abrindo diante da evidência de que um ser humano não é uma máquina que possa ser usada com a mesma eficiência a qualquer hora, de que um homem não é um computador, uma geladeira ou um fax, devemos nos aferrar com tenacidade ao Factível Insuperável do Momento. Há que se compenetrar e estar sempre alerta na busca do ponto exato de nosso ritmo, de nosso eurritmo, e depois segui-lo do modo mais rigoroso possível.

O MONSTRO DOS MIL OLHOS

"O edifício do teu orgulho deve ser demolido; e esta é uma enorme tarefa."

(Ludwig Wittgenstein)

Um grande empecilho

Terceiro sonho

Na terceira noite de sonhos, Cigana e eu estávamos passeando por um caminho em meio a um bosque, perto do sítio. É um caminho que sempre gostei de percorrer a cavalo.

O dia estava lindo, os raios de sol se filtravam por entre as copas das árvores. Centenas de borboletas, de todas as cores, cruzavam nosso caminho, e algumas nos acompanhavam. Os raios de sol, as cores das borboletas, o verde brilhante das folhas das árvores, tudo contribuía para criar uma festa de brilho, luz e cor, que levava a um estado de contemplação quase hipnótico, próximo de um êxtase. Uma sensação de indizível bem-estar...

De repente, sem qualquer sinal ou ruído que indicasse sua presença, Cigana e eu somos atacados por um monstro.

Havia pulado de alguma árvore e se assemelhava a um polvo. Tinha uma cabeça enorme. Mais de metade dessa cabeça era ocupada, em seu topo, por um único e gigantesco olho. Da parte inferior saíam dezenas de tentáculos, e esses tentáculos estavam plenos de pequenos olhos. Ou melhor, pequenos se comparados ao enorme olho principal. Os olhos dos tentáculos (15 ou 20 em cada tentáculo) eram mais ou menos do tamanho de olhos humanos, enquanto o olho principal teria o tamanho de uma melancia.

O monstro estava sobre nós, com um tentáculo envolvendo meu pescoço, outros imobilizando meus braços e pernas e cerca de uma dezena deles segurando as rédeas e as patas da Cigana, que empacou, como que esperando que eu decidisse o que fazer.

Estranhamente, começo a me sentir não como vítima ou presa daquele monstro, mas como seu protegido, como alguém que lhe devesse algo. Sinto que o monstro, com aquele olho gigantesco e todos aqueles olhinhos dos tentáculos, tem sobre mim uma autoridade incontestável, e que seria quase um sacrilégio o repelir, ou tentar resistir àquele ataque.

Passo a me considerar como um pertence, uma propriedade do monstro, e vou cedendo a uma irresistível sensação de moleza, submissão e conformismo. Que aquele ser fizesse o que quisesse de mim — não me importava. *Ele tinha esse direito*. Afinal, com seus mil olhos, ele via tudo, *ele sabia tudo*... Além disso, eu sentia que, se o rechaçasse, algo terrível aconteceria não só comigo, mas também com minha família, *inclusive meus antepassados!* Com o tempo fui me deixando acariciar por aquele amontoado de olhos pegajosos, *me deixando seduzir*...

Logo percebi que Cigana não compartilhava dessa submissão medrosa e mole, dessa resignação com laivos de reverência. Ela tremia toda, punha as orelhas para trás e resfolegava, impaciente, nervosa.

De um ímpeto, empinou e começou a pinotear, a dar patadas no chão e a escoicear. Tive que me agarrar firme à sela para não cair. O monstro, apesar de todos os seus tentáculos, que afinal demonstraram ser mais efetivos para ver que para segurar, foi bruscamente arremessado ao chão. Nesse momento, Cigana desferiu-lhe uma patada certeira na cabeça, que fez com que o olho gigante estourasse, espalhando uma gosma translúcida, parecida com clara de ovo, por um raio de vários metros.

Graças a Cigana, o monstro dos mil olhos estava morto, e eu saí do estado de torpor em que me encontrava.

Decidi voltar para casa. Cigana parecia querer a mesma coisa, pois apertou o passo e começou a voltar num trote bastante apressado.

Mais ou menos na metade do caminho, entre as árvores e ao lado de um córrego, vi uma cena terrível. Um rapaz, aparentando cerca de vinte anos, jazia morto e cheio de flechas. Ao me aproximar, descobri que as flechas eram nada menos que ferrões com olhos na ponta. Ferrões do monstro dos mil olhos. O rapaz havia sido completamente devorado da cintura para baixo, coisa que o monstro provavelmente teria feito também comigo, se não fosse a reação da Cigana.

Retomamos o caminho de volta, desta vez a galope.

De repente, cruza nosso caminho um estranhíssimo gato, com grandes olhos puxados, oblíquos e ondulados. Começaram a surgir mais gatos assim, vindos do bosque. Justamente nesse ponto o bosque se tornava mais denso, criando um ambiente de quase escuridão. Em meio a essa escuridão, tudo o que se via eram brilhos de olhos. Olhos maus, maliciosos, perigosos.

Cigana corria mais do que nunca. Finalmente conseguimos sair do bosque. Cerca de 200 metros mais e passávamos a porteira do sítio. Estávamos salvos!

Mas, logo em seguida, meu coração disparou. Lembrei-me daquela sensação de que, se eu me rebelasse contra o monstro, algo mau aconteceria à minha família.

Fui a galope até a casa.

Ao chegar pude verificar, aliviado, que todos estavam bem.

Junto com esse alívio e a constatação de que o monstro dos mil olhos definitivamente era passado, me ocorreu uma estranha sensação. Tive a impressão de que o monstro, ainda que tivesse tido a intenção de me ferroar e devorar, como fizera com o rapaz morto junto ao córrego, teria algo a me oferecer antes, ou talvez uma troca a propor. Essa impressão era muito forte, quase uma certeza. Porém, uma vez que o monstro estava morto, eu jamais saberia o que é que ele teria a me oferecer, qual seria sua indecente proposta. Pensei, enfim, que seria melhor assim — melhor não saber.

Com essa sensação, acordei do sonho.

Por estranho que possa parecer, esse foi, da série de cinco sonhos, o que interpretei com mais facilidade, praticamente de imediato.

O monstro dos mil olhos era nada menos que um dos maiores empecilhos para se atingir a Sintonia: o Orgulho!

Isso porque o orgulhoso sempre tem uma preocupação excessiva com sua imagem. Aonde quer que vá ele sempre vê mil olhos em cima de si. Tende a isolar-se e a neurotizar-se. Ademais, como alguém pode encontrar seu eurritmo com mil olhos sobre si, grudados em seu corpo e em sua alma? Impossível o eurritmo, impossível a Sintonia.

O poder de sedução do monstro, do qual eu estava prestes a

me tornar vítima, é nossa própria vaidade, a vontade de *parecer bem* aos olhos dos outros, a vontade, justamente, de ser *acariciado por olhos*. Nisto consiste a vaidade: na patética dependência da *carícia de olhos alheios*.

O que o monstro tinha a me oferecer era exatamente isso. A carícia dos olhos, a ultrajante carícia que satisfaz a vaidade, a carícia para um ego que é como uma bexiga de festa: inflado e oco.

Aceita a proposta, em pouco tempo eu estaria como o cadáver do córrego — morto, ou seja, sem alma, e sem metade do corpo, o que simbolicamente equivale a dizer que eu não mais seria um ser inteiro, *íntegro*.

Quanto ao medo de que algo acontecesse aos meus familiares, inclusive antepassados, a interpretação era muito simples. Os pobres atormentados que vivem a ver mil olhos sobre si, preocupam-se freqüentemente não só com sua própria imagem, com sua própria *persona*, mas também com o "bom nome da família", *incluídos aí antepassados*. São tristemente comuns as frases ridículas do tipo: "Não podemos jogar o nome de nossa família na lama!" ou "O avô de Fulano, um homem tão correto, agora deve estar se revirando no túmulo!" Frases típicas de patéticos escravos dos "mil olhos" da sociedade, neurotizados pela fobia — e paradoxalmente, dependência — de ver milhares de olhos sobre si, como quando, no sonho, comecei a ver milhares de olhos felinos, maliciosos, malvados, na escuridão do bosque. Temem esses olhos, mas ao mesmo tempo os buscam, querem saber deles, saber se os cobrirão de carícias ou se os condenarão.

O Orgulho é uma porta trancada com cadeado à Sintonia, uma verdadeira prisão à qual o orgulhoso se autocondena.

Um dos filhos mais terríveis do Orgulho é a obsessão e o delírio do dinheiro e do poder. O indivíduo passa a ter sonhos de grandeza numa tentativa patética de salvaguardar seu fragilíssimo ego destroçado pelos medos originários do orgulho oco, medos que corroem e corrompem.

Para atingir a Sintonia é necessária uma leveza, uma delicadeza, que o orgulhoso já perdeu há muito, soterrado sob o peso de couraças e armaduras que ele deve envergar em sua desvairada cruzada pelo poder, por "uma posição". Além de que, ter sede de poder — e, pior: consegui-lo — é ter também o constante pavor de perdê-lo.

Eis então como o desejo de poder, esse sentimento destruidor que desde o início da Humanidade verte tanto sangue e tanta lágrima, nasce da necessidade mesquinha de seguir as compulsões geradas pelo Orgulho.

Portanto, seguir o caminho que dita o Orgulho é seguir o caminho da pequenez e perder para sempre a paz de espírito, a Paz verdadeira, poderosa e transcendente, que nos permite ter a paciência e a determinação necessárias para alcançar a Sintonia. Ter Orgulho é eleger as trevas do receio e da ansiedade, da necessidade doentia de triunfo, aprovação e reconhecimento. É submeter-se a um tirano que aos poucos mata a alma de inanição, sugando sua mais rica essência, como o monstro do sonho.

Muita atenção, portanto, quando às vezes, meio sem perceber, se escorrega para os caminhos tenebrosos desse sentimento, destruidor entre todos — o Orgulho.

Morte ao monstro dos mil olhos!

"Sonhei em minha vida
sonhos que permaneceram comigo para sempre,
modificando minhas idéias.
Eles se mesclaram comigo
como a água com o vinho,
alterando a cor da minha mente."

(Emily Brontë)

"Um sonho não compreendido
é como uma carta não aberta."

(Talmude)

O BOSQUE FANTÁSTICO

Sonhos – Um atalho

Quarto sonho

O quarto sonho consecutivo se passava no mesmo bosque da noite anterior, o bosque por onde, na vida "real", eu costumava cavalgar com a Cigana.

O cenário era idêntico àquele do sonho anterior. Os mesmos raios de sol filtrados pelas folhas verdes e brilhantes das árvores, as mesmas borboletas, etc.

A diferença básica era que, dessa vez, Cigana seguia numa marcha extremamente vagarosa. Era como se ela estivesse andando em câmera lenta. Também os meus movimentos pareciam estar em câmera lenta.

De repente, todo o cenário se modifica, torna-se mágico, sobrenatural, genuína e completamente onírico.

As folhas das árvores já não eram apenas verdes, mas também azuis, vermelhas, brancas, douradas, prateadas, transparentes como vidro... O céu, de azul passara a dourado, como se estivéssemos sob uma enorme cúpula de ouro. Algumas borboletas cresciam até atingirem o tamanho de aviões e sobrevoavam por cima das copas das árvores, enquanto outras se desintegravam em nuvenzinhas cintilantes e passavam a girar em espiral, como pequenos tornados de brilho e cor.

Os seres mais fantásticos surgiam do bosque. Tartarugas gigantescas flutuavam no céu como zepelins. Carpas multicoloridas cruzavam meu caminho andando sobre as barbatanas. Não faltavam seres mitológicos: minotauros, centauros, faunos, unicórnios...

Percebi que nem Cigana nem eu estávamos mais em câmera lenta. Pelo contrário, agora nossos movimentos pareciam intensificados, *acelerados*.

Subitamente, tudo voltava ao normal. Sumiam os seres mágicos, as árvores fantásticas, as cores extravagantes. E, outra vez, Cigana e eu voltávamos *àquele estranho ritmo de extrema lentidão*.

Pouco depois, o ambiente retomava suas características mágicas, voltavam os seres de outro mundo, e nós recobrávamos nosso ritmo hiperacelerado.

Essa alternância de ambientes e ritmos se sucedeu por diversas vezes, até que acordei. Logo captei a mensagem inserida nesse sonho.

Era óbvio que o ambiente normal, com as cores usuais e os seres comuns representava o "mundo real", enquanto o ambiente mágico, com seres mitológicos, representava o "mundo dos sonhos".

Porém, o mais importante era a arrastada vagarosidade com que Cigana e eu realizávamos movimentos no "mundo real", em contraste com nossa extrema rapidez no "mundo dos sonhos".

Aquele sonho representava como que o cume, a "cúpula dourada" do processo pelo qual eu passara (e continuo passando, já que é infinito e ininterrupto). Ou seja, no "mundo dos sonhos" eu "ando" muito mais rápido que no "mundo real". Aprendo mais, percebo mais, rompo mais barreiras, tenho um acesso infinitamente maior a outras dimensões. O sonho, além de um grande mestre, é meu atalho pavimentado de ouro — chego através dele ao âmago de grandes questões milhões de vezes mais rápido do que chegaria através do raciocínio, da reflexão ou de qualquer outra atividade na qual estivesse acordado.

Um dos sonhos mais famosos que se conhece, provavelmente por sua impressionante carga premonitória, está relacionado ao presidente norte-americano Abraham Lincoln. Lincoln sonhou que havia gente chorando na Casa Branca. Entrou em um salão onde viu um caixão coberto por uma bandeira dos Estados Unidos. Então perguntou por quem aquelas pessoas estavam chorando, ao que alguém respondeu: "Choramos pelo Presidente. Ele foi assassinado". A resposta seria profética. Lincoln foi assassinado dias depois.

Como se explica isso? Por enquanto, não se explica, e talvez nunca venha a se explicar totalmente. É preciso ter a humildade de admitir certas coisas como inexplicáveis, e ponto final. Nelson

Rodrigues dizia: "O Homem não aceita que o inexplicável seja inexplicável". Atitude que demonstra a natural curiosidade do Homem, em parte saudável, mas também mostra sua prepotência e mania de grandeza.

Einstein contava que a base de sua Teoria da Relatividade lhe veio à mente através de sonhos. Assim aconteceu também com a maioria das descobertas de Benjamin Franklin. É conhecido o caso do químico alemão Friedrich Kekulé, que descobriu a estrutura do benzeno através de um sonho. Um outro químico, o russo Dimitri Mendeleiev, depois de anos de estudos, descobriu durante um sonho a chave para a Tabela Periódica dos Elementos Químicos (existe até um livro que relata este episódio, e se chama, justamente, "O Sonho de Mendeleiev"). O grande escritor alemão Goethe encontrava pelas manhãs, ao lado de sua cama, poemas dos quais não se lembrava haver escrito. Contos inteiros, praticamente prontos, eram "produzidos" em sonhos de escritores como Edgar Allan Poe, Ambrose Bierce e Dostoiévski. A lista poderia seguir interminável, incluindo desde os sonhos bíblicos das sete vacas gordas e as sete vacas magras até meus próprios sonhos premonitórios e clarividentes, que a partir de minha viagem à Europa e do episódio das cartas, passaram a tornar-se cotidianos.

Igualmente interminável seria uma lista das teorias que tentam explicar esse tipo de fenômeno. Uma infinidade de pessoas se ocupa do assunto, de psicólogos a filósofos, de físicos a místicos. A maioria concorda em um ponto: a consciência, em seu estado normal ou inalterado, é uma fresta mínima da nossa percepção, emparedada entre os conceitos de tempo e espaço. Essa prisão das percepções só pode ser superada quando a consciência tem seu estado normal alterado, seja sob fortes emoções, delírio, loucura, jejum ou insônia prolongados, privação de estímulos sensoriais, efeito de drogas, etc. Quando a consciência fraqueja, dá as rédeas ao subconsciente. Daí vem a maior parte das tentativas de explicação dos sonhos que antecipam o futuro: o subconsciente sabe mais que o consciente. Existe sem dúvida — e digo isso não apenas por experiência minha, mas também com base em numerosas evidências estudadas com metodologia científica — uma parte de nossa capacidade de percepção que ultrapassa barreiras de tempo e de espaço. Há diversos exemplos de estudos científicos comprobatórios, como os do Rhine Institute, na Carolina do Norte, Estados Unidos, acerca de percepção extra-sensorial (ESP).

Li numa revista científica, em 1999, um artigo sobre cabritos gerados em úteros artificiais. Após a fertilização *in vitro*, o óvulo ia para os tais úteros artificiais, que eram grandes recipientes de acrílico, quadrados e transparentes. Ali podia ver-se todo o desenvolvimento do feto, até este chegar a termo e simplesmente ser retirado dali, até "ser nascido", digamos. Tudo, desde a composição e a circulação de fluidos do feto, à pressão, à temperatura, simulava com perfeição um útero caprino. O resultado, porém, não era perfeito. Inexplicavelmente (e até a época da publicação do artigo os cientistas não tinham nenhuma resposta para isso), os cabritos nasciam anêmicos.

Há muitos anos, muito antes de se cogitar essa experiência dos cabritos, o escritor Aldous Huxley fantasiava em um de seus livros sobre crianças geradas em úteros artificiais. Inexplicavelmente, essas crianças nasciam anêmicas. Não sei se Huxley teve esse vislumbre de futuro através de sonho, visão, embriaguez ou de suas famosas experiências psicodélicas. Seria coisa impossível *comprovar* que não se trata de um caso de coincidência. Há coisas cuja comprovação é, simplesmente, inviável. Não se comprova, se admite ou não. Mas o inquestionável é que esses relances do futuro, venham eles através de êxtase, delírio ou sonhos, são *freqüentes, sugestivos e significativos* demais para que possam ser taxados todos como *coincidências*. Seriam necessárias uma enorme má vontade e uma espantosa falta de visão e de bom senso para chegar a uma conclusão tão banal, tão *rasa*.

Em meados do século XVIII, o cientista, filósofo e teólogo sueco Emanuel Swedenborg teve uma visão do grande incêndio que devastou Estocolmo, no exato momento em que ele ocorria. Swedenborg estava a centenas de quilômetros do incêndio, sem nenhum outro meio de saber o que ocorria naquele instante em Estocolmo a não ser sua clarividência. O fato é bem conhecido e documentado

Delírios, visões, transes, sonhos... Tudo leva a uma só coisa: o estado alterado, expandido, de consciência, a "baixa de guarda" da consciência. É aí que a percepção se aguça; quando a consciência deixa um pouco de se defender.

Como chegar a ter visões? Como atingir um *estado alterado de consciência?*

Pode-se tomar um chá de cogumelos ou alguma outra droga alucinógena, passar fome por diversos dias, auto-induzir estados febris de mais de 39°C, ficar mais de duas noites sem dormir um único segundo, etc. É muito provável que você sobreviva, mas é igualmente provável que passará por maus bocados.

Existe, no entanto, um caminho bem mais seguro, simples e, sobretudo, eficiente. Através dele se chega a visões "limpas", ou seja, elas serão visões genuínas e não delírios ou "viagens" sem uma real correspondência com os mundos sutis. O caminho é, simplesmente, querer. É fundamental estarmos predispostos. *Querer e depois ver* pode exigir um pouco de treino para seres que estão acostumados a *ver e depois querer*. Para que as sincronicidades, visões, sonhos premonitórios ou qualquer outro produto com grande carga de significado, advindos de estados alterados de consciência, ocorram e, mais que isso, *sejam percebidos* com freqüência, de forma cotidiana, é necessária uma persistente demanda de nosso espírito por tais fenômenos. Percebi isso ainda melhor em meu sonho sobre a "Vontade", que relatarei mais adiante. De qualquer forma, o caminho é longo, mas não necessariamente árduo.

Porém, não teria cabimento especificar ou impor uma via de acesso. Um profundo mergulho no subconsciente é um caminho estritamente individual. Cada um deve desbravar suas selvas e abrir suas próprias trilhas, sob sua total responsabilidade e, importantíssimo, seguindo com enorme atenção os meandros da própria intuição, aguçando a percepção, jamais seguindo ordens, dogmas nem doutrinas que não encontrem ressonância dentro do Eu Essencial.

O principal requisito é manter-se *alerta* e *aberto* — e não me refiro só à mente, mas também ao coração e à alma. Se você estiver alerta e aberto a contatos ultradimensionais, sem ceticismos ou preconceitos, sem barreiras nem defesas — internas ou externas —, eles naturalmente acontecerão.

Basta querer, e eles virão.

É preciso seguir com a sutileza de quem caminha sobre folhas secas sem fazer barulho. Essa sutileza é necessária justamente para se sentir onde se pisa. Um passo apressado ou desajeitado pode ser fatal para o processo. Em nosso estado consciente inalterado e rotineiro, andamos vestindo uma armadura. O primeiro passo, portanto, é nos despirmos dela para que possamos ter a leveza necessária à percepção.

Quanto à outra forma de "baixar a guarda" da consciência e, conseqüentemente, aguçar a percepção, ou seja, dando a devida atenção e importância aos sonhos, o que foi dito antes também vale aqui: o caminho é único para cada indivíduo. Não poderia ser de outra forma. Um caminho único para cada indivíduo igualmente único.

O que não significa que eu não deva demonstrar como lidei com meus sonhos, e mencionar algumas das experiências que funcionaram para mim.

O caçador de sonhos

Há pessoas que dizem: "Eu nunca sonho". Outras se lembram apenas, e raramente, de ínfimos fragmentos de algum sonho, e nada além disso. De certa forma, estão percorrendo o caminho da vida de olhos vendados.

Um sonho não recordado é uma parte nossa que nos falta, some, vai embora, geralmente para sempre. E o que é ir embora para sempre senão morrer?

Não sabemos quanto de realidade existe nos sonhos, nem quanto de sonhos há na realidade. Ninguém pode dizer que o mundo "real" seja mais importante que o "dos sonhos". Mais ainda: como se pode garantir que o mundo "real" é o real, e o dos sonhos, fantasias e ilusões? Por acaso quando sonhamos não há quase sempre a sensação de que as coisas ocorrem "realmente"? Todas as noites, ao dormir, como podemos estar certos de que despertaremos sendo o mesmo personagem que fomos hoje? E se o que vivemos hoje foi um sonho um pouco mais elaborado, onde havia a impressão de rotina, trabalho, família, onde sentíamos ter um passado e uma história, e, principalmente, uma sensação inabalável de que o sonho era real? Como podemos saber em que mundo estamos? Como podemos saber o significado de palavras como 'real' ou 'realidade'? Como podemos conhecer as limitações de nossa percepção, se elas são justamente isto — *limitações, limites?* Como alguém que nasceu completamente cego pode descrever a cor vermelha? Como *eu* posso descrever a cor vermelha? Como posso saber se o vermelho que eu vejo é igual ao vermelho que outra pessoa vê? Não é óbvio o quanto a percepção sensorial é relativa e limitada, o quanto o "real" é frágil e sem consistência? Que desvario tão louco não dar importância aos sonhos!

Mas como dar importância a eles tal como eles merecem (ou seja: dar a *eles ao menos* o mesmo *status* que damos à "vida real")? Como recordá-los? Como 'fisgar"os sonhos?

Os sonhos são alimentados pela nossa atenção. Quanto mais atenção se lhes dá, mais força e poder transcendente eles adquirem. Quanto mais atenção, mais nos recordamos, e quanto mais nos recordamos, maior se torna nosso poder de recordar, originando um círculo virtuoso que pode ser resumido pela frase: *Quanto mais nos recordamos, tanto mais nos recordamos*. É como se nós tivéssemos um "órgão lembrador de sonhos", e, quanto mais o usássemos, mais poderoso, eficiente e hipertrofiado ele se tornasse, exatamente como ocorre com a maioria dos músculos de nosso corpo. No início do meu hábito de anotar os sonhos, eu me recordava de um ou dois, com sorte três, lembrados com certa dificuldade. Hoje, sete, oito ou mais sonhos vêm naturalmente quando me desperto, fluindo com facilidade, uma lembrança puxando outra, um sonho puxando outro.

Dentre as culturas conhecidas, há uma que lida maravilhosamente com os sonhos, tirando deles ótimos resultados. São os Senói, um grupo indígena malaio. Estudados pelo antropólogo americano Kilton Stewart, entre outros, por volta de 1935, demonstraram possuir uma organização social extremamente justa, cooperativa e pacífica. Tinham uma saúde exuberante, física e mental. A conclusão dos antropólogos foi de que a base da extraordinária harmonia daquela sociedade era sua relação com os sonhos, bem definida por uma frase do Dr. Stewart: "Entre os Senói, o café da manhã são os sonhos". Pela manhã, logo ao despertar, sentam-se todos formando uma roda, e, um por um, vão contando os sonhos que tiveram na noite anterior. Tentam decifrá-los e extrair deles mensagens vitais para o bem-estar e o futuro da comunidade. Finalmente, o grupo resolve, a partir de todo o conjunto de sonhos, que decisões serão tomadas naquele dia. Tudo é decidido com base nos sonhos. Aí está o ponto crucial do sucesso dos Senói como povo feliz e harmonioso: a atenção ao sonho como algo de importância fundamental, como insuperável ponto de referência.

Deixando os Senói e voltando à nossa sociedade.

Como alguém pode ao menos se lembrar do que sonhou se tem que acordar às pressas e imediatamente começar suas mecânicas atividades rotineiras — ir ao trabalho, por exemplo? Um despertar apressado é uma técnica de espantar sonhos da mais alta eficácia. O simples ato de levantar-se e ir escovar os dentes pensando nos compromissos do dia é suficiente para que, em frações de segundos, fujam da mente todos os sonhos.

Deve-se permanecer deitado, relaxado, com os olhos fechados e a mente concentrada somente em recordar os sonhos. Em seguida, tudo o que foi recordado deve ser anotado. Recorda-se, anota-se, volta-se ao estado de concentração, continuando assim até vir a sensação de que não há mais nada a recordar naquele dia. Ao lado da cama, lápis e caderno são fundamentais.

Será que se eu não tivesse anotado, com detalhes, o sonho da tartaruga (ver pág. 95), eu me lembraria depois, ao vê-la, de ter sonhado com ela? Ou teria apenas uma vaga impressão de familiaridade, de *déja-vu*, ao vê-la? Ou talvez nem isso? E mesmo que, ao ver a tartaruga, eu acreditasse haver sonhado com uma idêntica, como poderia estar absolutamente convencido? Não poderia ser uma "falsa lembrança", por sinal fenômeno muito comum? Eu não poderia *achar* que sonhei, só após tê-la visto? Ou suspeitar que sonhei, mas duvidar de que na verdade ela fosse *rigorosamente* idêntica? O mesmo vale para o sonho da "mãe da outra dimensão" e o caco de porcelana (ver pág. 135). Contra esse tipo de dúvida a melhor arma, o melhor "tira-teima", é o caderno de anotações (e também de desenhos!) dos sonhos.

Devo frisar outra vez que no processo pelo qual passei até chegar ao ponto atual, em que as sincronicidades já fazem parte do cotidiano, em que premonições, clarividências e sintonia com outras dimensões ocorrem natural e rotineiramente, a parte mais importante, sem sombra de dúvida, foi a forma como passei a me relacionar com o mundo dos sonhos, como passei a dar atenção a eles, como percebi que grande absurdo é negligenciar o mundo dos sonhos em favor do mundo da "realidade".

Cada sonho não recordado é uma parte nossa que nos falta.

Cada sonho recordado é uma parte reintegrada ao imenso e por vezes confuso mosaico que forma o nosso *todo*, que por sua vez tem correspondência com o Todo Universal. É como um quebra-cabeça: cada sonho é uma peça que vai se juntando a outras e nos faz começar a ver que as partes que antes pareciam não ter conexão alguma, acabam se unindo, até percebermos que tudo está interligado: o visível e o invisível; o que se sente vagamente e o que se sente concretamente; a pura intuição; as meras possibilidades em potencial e os fatos consumados; os sonhos; a vontade. Tudo está em Conexão, em Comunhão e em Sintonia.

A atenção deve ser dada, enfim, a todos os sonhos. Há os que de imediato nos causam forte impressão e outros que em um primeiro instante parecem não ter grande importância. Porém, não se poderá dizer que determinado sonho teve mais ou menos importância que outro. Não até o término da vida que se está vivendo, e talvez nem mesmo em nosso último instante nela.

Às vezes descobrimos a imensa importância de um sonho já no momento em que nos despertamos. Ou então podem passar décadas até que desvelemos o verdadeiro conteúdo de um sonho fundamental. Pode ser um sonho premonitório, por exemplo, cuja correspondência no mundo "real" só vá ocorrer muitos e muitos anos depois.

Em suma: há que se dar a devida importância aos sonhos, dar-lhes atenção e tempo, mesmo que para isso sejam necessárias algumas correções em nossa rotina.

O resultado compensa.

PARTO

"O futuro nos penetra,
para se transformar dentro de nós
muito antes de acontecer."

(Rainer Maria Rilke)

Vontade

Quinto sonho

Esse foi o último dos cinco sonhos consecutivos com Cigana, e o único no qual ela falava.

Cigana estava dando cria, e o parto estava sendo difícil e demorado. Tentando ajudá-la, me certifiquei de que o potro estava na posição correta. Então amarrei com uma corda os casquinhos dele, que já estavam aparecendo, e comecei a puxar. O problema era que Cigana não colaborava. Não tinha contrações, nem involuntárias, nem voluntárias. Não se deitava — o que facilitaria bastante — e ainda continuava pastando como se nada estivesse acontecendo.

A força que eu fazia era completamente inútil sem a sua colaboração. Irritado, comecei a gritar que ou ela se esforçava ou ambos correriam o risco de morrer, ela e o potro.

Por fim, Cigana começou a contrair os músculos do abdômen. Mas ainda com pouca vontade, muito de leve, enquanto continuava pastando na maior calma. Perdi as estribeiras e gritei: "Vontade! É preciso mais vontade nesse esforço! Mais ânimo, mais vontade, vamos!" Continuei bradando, desesperado, sempre frisando a palavra *vontade*.

Diante da minha extrema irritação, Cigana diz para mim: "Não é que eu não queira. *Eu não posso. Não posso ter vontade porque o potro ainda não me enviou nenhum sinal.* O sinal dele depende da minha vontade tanto quanto a minha vontade depende do seu sinal. Também estou preocupada, mas, enquanto não receber o sinal, não posso fazer nada, *não posso ter vontade*".

Aquilo me deixou ainda mais ansioso. Tentei puxar a corda com mais força, mas logo tive receio de machucar mãe ou filho.

Na angústia dessa incerteza, de não saber se o parto ocorreria ou se o potro morreria (e talvez até a Cigana), acabei acordando. Estava suado e agitado, como se realmente tivesse acabado de fazer um enorme esforço físico.

Foi o sonho de mais difícil interpretação da série dos cinco, mas após algumas horas pensando percebi a forte analogia Cigana/Vontade — Potro/Sinal.

Devo recordar que, sempre ao apresentar-se a mim um *sinal* dos mundos sutis, venha ele através de sonhos ou de uma aparente coincidência, há um fenômeno quase simultâneo, talvez pouca coisa anterior no tempo convencional, que "prepara o terreno" para que o sinal seja *percebido*.

Esse fenômeno é o *aumento, a exacerbação da vontade.* Por exemplo: ao receber um sinal de meu pai ou ao reconhecer no primeiro olhar o túmulo, sem nenhuma inscrição, de minha bisavó em Dubrovnik e mais tarde ao receber sinais também dela, havia em mim uma poderosa *vontade* de que isso ocorresse. Havia uma energia potencial que *exigia* o fenômeno, ou talvez uma carência, um déficit de energia. Também em outras ocasiões, como quando li meu nome nos manuscritos de meu trisavô poeta, ou no "dia das tartarugas", havia uma grande vontade de *algo*, uma *busca* dentro de mim que me predispunha a receber esses sinais, e mais: os chamava, os *atraía*. Fazendo uma comparação grosso modo com as leis do magnetismo, onde pólo negativo atrai pólo positivo e vice-versa, o pólo negativo poderia ser a exacerbação da minha vontade, atraindo o pólo positivo, que seria o fenômeno em si, o evento. Recordo que durante o episódio de meu trisavô, eu me encontrava particularmente necessitado de um sinal, uma coordenada, uma *diretriz*. Eu me encontrava *em déficit*.

Todos os sinais que recebo dependem, de certa forma, da forte vontade que os precede. Também da fé, mas especialmente da vontade. *Estou certo de que a vontade como pura energia pode modificar ou mesmo ocasionar eventos futuros.*

Penso no processo do parto como um exemplo para essa relação entre vontade e sinais. Quando se pensa em trabalho de parto, há geralmente a impressão de que é a mãe e não o bebê o responsável pelo *trabalho*.

Na verdade o processo é mútuo, cooperativo e sincronizado.

Alterações de fluxo sangüíneo, temperatura e dosagens hormonais, *tanto na mãe como no feto*, contrações do útero *combinadas* com movimentos correspondentes do feto e esforços de expulsão feitos pela mãe — todo o trabalho é conjunto.

Até mesmo o momento do parto é determinado em conjunto. O feto precisa estar pronto, estar "a termo", mas a mãe também tem de estar com seu cérvix uterino dilatado e com os ligamentos pélvicos relaxados, entre outras coisas, e assim ambos entram em *Sintonia*, estabelecem um "acordo". O que se tem comprovado cientificamente é que o feto, baseado principalmente no estágio em que se encontra, determina o dia do parto (por exemplo, a intensificação e diferenciação dos movimentos fetais nos dias que antecedem o parto são estímulos para o início das contrações uterinas), e a mãe, influenciada por fatores hormonais, mas também por circunstâncias externas, determina a hora. Um ambiente estressante ou a proximidade de um predador pode levar a mãe a retardar o parto em várias horas ou mesmo dias. Por essa mesma razão o gado costuma parir nas horas mais tranqüilas do dia, como à noite, de madrugada, no finalzinho da tarde ou às primeiras horas da manhã.

É essa sutil Sintonia, esse mágico sincronismo, que faz a analogia do processo do parto com o processo vontade–sinais. Sem a força da mãe/vontade, não vem à luz o rebento/sinal. Sem o *momentum* do rebento/sinal, a mãe/vontade espera, exatamente como ocorreu nesse sonho em que a Cigana estava tendo um parto complicado, ou no mínimo demorado. Nenhum sinal chega à pessoa se não tiver sido atraído pela Vontade. Tudo é sincrônico e está em Sintonia. Os fatores são interdependentes e cooperativos.

Às vezes penso em uma outra imagem para descrever a interdependência vontade–sinais, que é bastante diferente dessa do parto, sem, contudo, contradizê-la. É a imagem do princípio físico da osmose, em que as partículas tendem a fluir do ponto de maior concentração para o de menor.

A vontade poderia ser esse ponto de menor concentração, o lugar onde há um déficit ou uma carência de significado, e o sinal, um fluxo vindo de onde há um superávit ou uma densa carga de significado. Considero muito poderosa a influência da vontade nos acontecimentos futuros *e também nos passados*.

O Futuro já existe no Agora. Da mesma forma, o Presente já existia no Passado. Nossa mente é que não percebe. Por algum motivo precisa funcionar compartimentalizando o tempo. O tempo, Total, Uno e homogêneo deve, ao passar pela consciência, ser dividido em Passado, Presente e Futuro. Por quê? Ainda é um Mistério.

O certo é que a vontade de *agora* pode estar influenciando acontecimentos de amanhã e de ontem, de 1000 anos futuros e 1000 anos passados.

Um exemplo real: um homem está construindo sua casa. De repente toma uma decisão que parece estranha a todos. Resolve cobrir todo o piso de lajotas e cimento com espessas chapas de ferro e depois com mais uma camada de cimento. Gasta muito mais trabalho, muito mais dinheiro. Ninguém sabe o porquê. As pessoas acham que ele ficou louco. Depois termina a casa normalmente, e passado um tempo todos se esquecem do episódio das chapas de ferro.

Mais de quarenta anos depois, uma mulher é assassinada nessa casa. O assassino, o próprio marido, pensa em enterrá-la sob o chão da cozinha. Depois de cimentar outra vez o buraco e talvez estender um tapete por cima, ninguém perceberia nada. Com uma picareta começa a romper o piso, achando que com cinco ou seis golpes chegará ao solo. Mas as coisas dão errado. Abaixo da reforçada camada de cimento, o assassino atinge as chapas de ferro. Tenta abrir outro buraco, desta vez na sala, e também encontra o ferro. Entra em desespero; seu plano estava em perigo por causa de um detalhe completamente inesperado. Toma coragem, resolve enterrar a esposa no jardim. Tranqüiliza-se ao pensar que a escuridão da noite sem lua o acobertará. Mas os contínuos golpes de picareta no piso, e sobretudo *no ferro*, haviam chamado a atenção dos vizinhos. Um deles, mais curioso, não pôde deixar de espionar por cima do muro, e assim que viu o vizinho sair pela porta dos fundos carregando algo muito suspeito enrolado em um cobertor, deitá-lo no gramado do jardim e começar a cavar, chamou a polícia. O assassino foi preso em flagrante.

A vítima, a esposa, era ninguém menos que a neta do homem que construíra aquela casa há quase meio século e estranhamente tivera a idéia das placas de ferro. Ele havia falecido cerca de quinze anos antes do crime. Mas sua esposa ainda vivia, e quando soube do assassinato da neta, revelou, aos prantos, que ele colocara as chapas de ferro porque previra que um dia, uma mulher seria assassinada naquela casa e o criminoso tentaria enterrá-la sob o piso. Só a ela contara essa premonição. Havia momentos em que ficava muito angustiado, pois não sabia *quem* cometeria o crime, *quem* seria a vítima, nem *quando* isso aconteceria. Segundo a esposa, isso o atormentou até seu último minuto de vida, mas ela, muito prática, muito racional, tinha pouca paciência quando o marido começava com essas histórias. Nunca lhe dera ouvidos.

Ele se sentia muito mal por saber que não poderia impedir o crime. Durante toda a vida evitou que a família morasse lá, construindo outra casa para si e alugando aquela a estranhos. Mas, após sua morte, a neta recém-casada acabou indo morar lá com o marido, seu futuro verdugo.

Por várias vezes, ao longo dos anos, o homem pensou em demolir a casa inteira, mas sabia que com isso apenas modificaria o local do crime, sem, no entanto, impedi-lo. A única coisa que poderia fazer era impedir o assassino de esconder o corpo e se safar. E assim fez.

Tomemos esse caso como exemplo. Achamos mais fácil pensar assim: o avô *previu* a morte da neta e a tentativa de ocultação do cadáver, e agiu *em conseqüência de sua premonição*. É mais raro pensarmos que o presente (o assassinato da neta), utilizando-se de algum misterioso canal de comunicação e de alguma forma sinalizando o perigo, é que afetou o passado (a colocação das chapas de ferro pelo avô). Mas não terá sido assim?

A flecha do tempo andou no sentido "presente–passado", se olharmos o fato do ponto de vista do crime, ou no sentido "passado–presente" se tomarmos como ponto de vista a construção da casa. A diferença básica é: do ponto de vista "presente–passado", um acontecimento atual influencia o passado, mas, do ponto de vista "passado–presente", algo que *ainda não aconteceu* é percebido pelo passado sob forma de premonição.

Mas, se ainda não aconteceu, como pôde ser percebido? Não será porque, em alguma outra dimensão ou estado, já aconteceu, ou, ainda, *está acontecendo infinitamente, ininterruptamente?*

Se o tempo não possui realmente compartimentos, como

quer a física quântica, *TUDO deve estar acontecendo SEMPRE em ALGUM LUGAR*.

Assim, a minha vontade pôde estar em sintonia e cooperação tanto com fatos futuros, como as respostas de meu pai às cartas, como com fatos ocorridos há mais de um século, como meu nome no manuscrito de meu trisavô. Nesse misterioso mundo, barreiras de tempo e espaço se relativizam a ponto de desaparecerem completamente.

Um dia, em Barcelona, eu andava pelas Ramblas pensando precisamente nesse tópico: a influência da vontade em acontecimentos futuros e passados, modificando-os e talvez até originando-os. Antes de entrar na ruazinha onde morava, parei em uma banca e comprei um jornal. Ao abrir o suplemento de domingo, vi que duas páginas eram dedicadas a Avicena, grande filósofo e médico do século XI. Encontrei ali uma frase que parecia dirigida às minhas elucubrações daquele dia. Dizia o seguinte: "As almas individuais podem atuar sobre os corpos exteriores, e qualquer alma pode influenciar magicamente *qualquer coisa em qualquer tempo*".

Essa foi minha conversa com Avicena, médico e filósofo do século XI, numa manhã de domingo em Barcelona.

Precaução a respeito da vontade

O poder da vontade e a responsabilidade

A frase de Avicena. Gostaria que as pessoas voltassem algumas linhas e a lessem uma vez mais. Seria bom que todos percebessem seu poder e, conseqüentemente, a grande responsabilidade que corresponde a tal poder.

A coisa se resume, basicamente, no fato de que nem sempre o que *achamos* que queremos é o que *realmente* queremos, e, se não estivermos atentos a esse fato, conseqüências variavelmente desastrosas poderão acontecer.

Vou ilustrar essa situação contando algo que aconteceu comigo quando eu tinha onze anos.

Eu estava no sítio (para variar), quando vi um de meus cachorros fuçando uma moita, e em seguida percebi que ele estava mastigando algo. Ao me aproximar, vi que o cão havia descoberto um ninho de galinha e estava devorando os ovos. Consegui salvar cinco ovos, e fui levá-los à casa do caseiro (a galinha era da caseira).

Os caseiros também tinham um cachorro, chamado Graf. Era um cão grande, peludo e com cara de poucos amigos, porém 100% vira-lata. Minha avó achava uma graça quase absurda em que um vira-lata da roça se chamasse Graf (Graf significa Conde, em alemão).

Pois bem, a "cara de poucos amigos" de Graf não era só fachada. Era um cão muito dominante, nada sociável, e, apesar de já estar no sítio havia quase dois anos, claramente não me via como um amigo. Tinha uma particular repulsa por crianças.

Por isso, assim que a caseira me viu chegando, avisou: "Entra pela porta dos fundos porque o Graf hoje está de mau humor" (Graf ficava amarrado em frente à casa).

Querendo dar uma de engraçadinho, respondi: "Bem que eu queria que o Graf me mordesse, para eu ficar o resto do dia na cama lendo gibi, e minha mãe me trazendo Ki-Suco, doce, salgadinho..." A caseira riu e disse: "Olha, não fala, não, que acontece..."

Claro que eu estava brincando e não queria ser mordido, apesar da parte da cama, gibis e doces ter realmente me agradado, e de alguma forma *aguçado minha vontade*.

De qualquer modo, não passei nem perto do Graf. Não fui mordido.

Horas depois, chegou Constante, um senhor que estava fazendo alguns serviços no sítio. Como era parente da caseira, trouxe junto três das suas sete filhas, todas com nomes terminando por "ete" — Elisabete, Isabete, Janete, Juliete, Marinete, Lucinete, e, finalmente, aquela por quem eu era apaixonado, e que respondia pelo inusitado nome de Isolete. Apesar de ela ter catorze anos (três mais que eu) e gostar de um rapaz de dezesseis, eu não perdia as esperanças, ou talvez minha obsessão não tivesse nada a ver com esperança, mas de qualquer forma, assim que vi Isolete, a "deusa loura", chegando ao sítio, pensei imediatamente: "Tenho que fazer alguma coisa para impressionar, tenho que me exibir pra ela!"

Naquela época tínhamos um cavalo, chamado Panamá, famoso por ser o mais veloz da cidade. Sempre fazíamos apostas com outros cavaleiros, valendo leitões, cabritos, engradados de cerveja... Panamá era sempre o campeão. Pareceu-me ideal para chamar a atenção de Isolete, a Vênus platinada (sim, suas longas madeixas eram, naturalmente, de um louro quase branco. Faltava pouco para ser albina).

Montei o Panamá e comecei a dar loucas disparadas com ele no caminho ao redor da casa do caseiro, enquanto eu sorria e acenava para Isolete, e ela para mim, e eu tinha vontade de plantar bananeira na sela, em pleno galope, dar saltos mortais, me equilibrar no nariz... mas infelizmente eu não tinha essas habilidades circenses, e o máximo que poderia fazer era instigar o Panamá a galopar cada vez mais rápido.

Tive a cinematográfica idéia de galopar em direção ao grande lago que existe no sítio, como se eu fosse me jogar, e então parar a poucos centímetros da água, fazendo Panamá empinar imponentemente à beira do lago. Que espetáculo eu daria a Isolete! No entanto, Panamá era cavalo, mas não era burro. Ao perceber que estávamos, a toda velocidade, nos aproximando perigosamente da água, ele subitamente se jogou (ou melhor, nos jogou) para o lado contrário, onde ficava, exatamente, uma cerca de arame farpado.

Para concluir a história, Panamá sofreu apenas alguns arranhões no rosto e peito, mas eu tive que ir para o hospital e levei 25 pontos na perna. E Isolete continuou gostando do rapaz de dezesseis anos.

Ao voltarmos, passei o dia exatamente como disse à caseira que queria passá-lo: imobilizado, na cama, lendo gibis e sendo alimentado com as mais deliciosas iguarias que minha mãe conseguira encontrar. Valeu a pena? Claro que não. Os pontos, os dez dias com uma tala de gesso para não dobrar o joelho, as idas dia sim dia não ao hospital para trocar o curativo, a dor na hora de tirar os pontos, etc., etc. É claro que quando eu disse que seria bom que o cachorro me mordesse para passar o dia *exatamente* como acabei passando, aquilo havia sido apenas uma resposta espertinha da minha parte. Porém, durante um ou dois segundos, talvez até menos, a idéia *realmente* me agradou. É claro que eu considerava absolutamente estúpido fazer com que um cão me mordesse ou um cavalo me jogasse contra uma cerca de arame farpado, ou qualquer outro acidente, apenas para ter um dia de mordomias. Mas repito que, durante um fugaz momento de inconsciência, *eu gostei da idéia*.

Minha vontade, ainda que veloz e passageira, foi de alguma forma *captada* antes de ser descartada. Não vejo outra explicação para isso. Comecei a cavalgar aos dois anos, ainda de fraldas, e fora essa vez, nunca caí nem me machuquei. Nunca levei pontos nem nunca tive um só osso quebrado (minha irmã já quebrou quase todos os dedos da mão jogando vôlei). Aquela foi a única vez. Exatamente no mesmo dia em que eu sugeri que seria bom sofrer um acidente qualquer para ter mordomias.

Isto me mostrou, já aos onze anos, como pode ser poderosa a força de um desejo, ainda que ele dure frações de segundos e depois seja descartado como um absurdo. Como dizia minha bisavó: "Pode passar um anjo e dizer Amém..."

E, ao compreender o poder da vontade, percebi que ela deve andar sempre de mãos dadas com uma qualidade: a responsabilidade.

Pensamentos irresponsáveis, ainda que sejam breves, são pequenos demônios e podem, sim, trazer conseqüências desastrosas, devendo ser cortados pela raiz o mais depressa possível.

A cicatriz que permanece na minha perna não me deixa esquecer disso.

"Poucos homens
têm imaginação suficiente
para igualar a chamada realidade."

(Goethe)

Marcas na Argila

Mais visões, sonhos e encontros

Resolvi deixar o episódio das "marcas na argila" para a parte final deste livro, apesar de ter começado a escrevê-lo antes dos outros capítulos.

A razão para isso é que considero esse evento como o de maior importância em meu caminho rumo ao entendimento das coisas. Não queria deixar faltar nenhum detalhe significativo do qual pudesse vir a me lembrar depois. E, assim, comecei o livro por este capítulo; depois prossegui com os outros, mas volta e meia acrescentava uma frase ou retocava uma lembrança.

O que vou relatar a seguir é a seqüência de três importantes acontecimentos.

O primeiro foi uma visão, que se impôs sob a forma de um conto, expresso através milhares de palavras das quais minha mão foi apenas um instrumento, sem conhecimento do que ia sendo escrito, sem vontade própria, não mais independente que a mera caneta.

O segundo foi um sonho, o mais vívido e especial dentre todos os sonhos vívidos e especiais que tive até hoje.

O terceiro foi um encontro que provou que tanto a visão como o sonho correspondiam, em cada detalhe, a fatos ocorridos durante o ano de 1943. Isso quer dizer que a história que irei contar aconteceu no "mundo real" 52 anos antes da visão (ocorrida em 1995) e 57 anos antes do sonho e do encontro (ambos em 2000).

A poucos quilômetros do sítio, em uma área onde hoje só se vêem pastagens, existiu, até 1993, uma casa em ruínas. Uma velha cerca a circunscrevia a uma porção de terra de mais ou menos meio alqueire. O arame farpado estava completamente enferrujado. Os mourões de madeira estavam todos apodrecidos, a maior parte já por terra, alguns poucos resistindo ainda, capengas, à força da gravidade.

Mais da metade do telhado da casa havia desabado. A porção remanescente era agora abrigo de corvos e de morcegos.

Não havia mais janelas nem portas, e uma das paredes havia desabado por completo.

Eu sempre passava por ali a cavalo, e aquele local exercia sobre mim uma indefinível atração. Às vezes eu parava, descia do cavalo e ficava caminhando entre aquelas fascinantes ruínas, tentando imaginar que vidas haveriam existido ali; como havia sido a rotina daquela casa no tempo em que suas paredes eram sólidas e seu telhado firme. No tempo em que aquelas ruínas eram um *lar*. Que alegrias, que tristezas, teria testemunhado aquele misterioso local?

Uma coisa que me intrigava particularmente eram umas marcas visíveis ao longo do terreno seco e argiloso que se situava ao lado direito e aos fundos da casa, para quem observasse desde a entrada, num raio de cerca de 40 metros. Eram depressões mais ou menos circulares, com 10 a 15 centímetros de profundidade e 15 a 40 centímetros de diâmetro.

....

Em 1995 resolvi improvisadamente participar de um concurso literário na universidade que cursava, fato que comentei já com detalhes no capítulo "Encruzilhada".

Especulando sobre um tema, logo me ocorreu escrever sobre a casa.

Desde as primeiras linhas, porém, o texto fluía com peculiar independência.

Os personagens surgiam não como criações minhas, mas como vidas sendo apresentadas a mim. Escrevi, enfim, um conto de quatro páginas em menos de vinte minutos, recorde que jamais conseguiria superar depois.

As pessoas dessa história eram um viúvo, Justino, e seus quatro filhos, sendo os três mais velhos rapazes de 16, 17 e 19 anos (respectivamente Bruno, Ângelo e Pedro) e a caçula, Maria, de 12 anos. Justino tinha 37 anos. Era o tempo em que as pessoas tinham filhos bastante cedo, especialmente na zona rural.

O personagem principal do conto é Ângelo.

Justino era rude e ignorante, filho de paupérrimos imigrantes italianos vindos ao Brasil nos primeiros anos do século XX para trabalhar nas lavouras de café. Após quase trinta anos de trabalho árduo, conseguiram legar ao filho aquele minúsculo pedaço de terra. Era pouco, *mas era deles*, repetiam sempre com orgulho. Justino não apenas testemunhara como também participara do trabalho extenuante necessário à aquisição daquela nesga de terra, e como conseqüência criara uma reverência fanática para com ela. Assim, a maior indignidade imaginável para Justino seria que ele e os filhos fossem incapazes de tirar o próprio sustento de sua terra. Não poderia, para ele, existir crime maior que deixar um palmo de terra sequer sem cuidados, inculta, *desperdiçada*.

Um dia, Justino pareceu notar em Ângelo algo imperdoável: uma certa indolência, uma assustadora ausência do vigor que seus filhos deveriam demonstrar no trato com a terra.

Mas Justino estava certo de ter o antídoto para a incipiente preguiça de Ângelo: encarregou-o da tarefa mais pesada do pequeno sítio. Enquanto Justino levaria Pedro e Bruno para o relativamente "leve" trabalho de carpir a roça de feijão, designou para Ângelo a bem mais cansativa atividade de drenar um brejo pantanoso que havia nos fundos da casa, para que depois fosse possível aproveitar a área fazendo ali uma horta.

Depois de algumas horas trabalhando a terra úmida, pesada, quente e argilosa, Ângelo já começava a se sentir, ele próprio, quente, úmido, pesado. O rapaz sentiu uma preguiça invencível. Resolveu sentar-se e descansar um pouco. Entediado, pegou uma porção de argila e começou a moldar um boneco. O tempo foi passando, a preguiça também, mas agora ele queria terminar o boneco. E que surpresa quando ficou pronto! Ângelo jamais imaginou ser capaz de fazer algo tão bonito. Apaixonado pela sua pequena obra, teve vontade de fazer um boneco maior.

No outro dia, assim que o pai saiu, Ângelo começou seu novo boneco. "Este vai ter o tamanho de um homem!", pensou o garoto, fascinado. Incansável, trabalhou no "homem" o dia todo, só parando para almoçar. À tardinha, quando voltou, Justino se surpreendeu ao ver aquilo. Achou bem bonito, até elogiou, mas, quando percebeu que o filho não tocara no enxadão o dia inteiro, fechou a cara e rugiu: "É só o que me falta você querer virar artista, e trabalho que é bom, nada!" Ao jantar, o pai arrancou das mãos de Ângelo o prato que ele ia fazendo e despejou na tigela do cachorro. "Vagabundo não come nesta casa. Amanhã trabalha, amanhã come." Ângelo baixou a cabeça, humilhado. Naquele momento, odiou o pai.

Porém, assim que o rapaz começou a trabalhar na manhã seguinte, o contato com a argila lhe deu uma vontade incoercível: precisava fazer mais uma escultura (já não os chamava de *homens* ou *bonecos*, agora eram *esculturas)*. E acabou fazendo, naquele dia, não uma, mas três. Pessoas que passavam pela estrada já começavam a parar para ver aquela novidade; alguns iam mesmo até lá só para admirar aquilo. Nunca tinham visto coisa tão bela e tão estranha. As esculturas pareciam ter vida, e cada uma transmitia uma sensação diferente. Agora, quando Ângelo esculpia, sentia as mãos de algo transcendente e divino guiando as suas próprias, fazendo fluir através de si energias cósmicas, tremendas, incomensuráveis. Que maravilhas! Que expressões! Pareciam prestes a falar e cantar, a sair caminhando e dançando, dizendo poesias e profecias...

Mais uma vez, quem não gostou foi Justino, que não via nada de transcendente, nem de divino nem de sublime na nova atividade do filho. Afinal, o que era aquilo? Uma piada? Uma afronta declarada contra sua autoridade de pai? Um dia perdeu a cabeça, ou a mão, ou as duas coisas, é só parou ao ver Ângelo desacordado, com a cara enfiada no barro. "Já que gosta *tanto* de lama, *então come...*", ainda disse o pai, trincando os dentes e se afastando com desprezo do filho nocauteado.

Mas era tarde. Ângelo já estava enfeitiçado por sua recém-descoberta capacidade de gerar beleza, e com essa beleza nutrir seu espírito. Além disso, lhe agradava a idéia de que se morresse de repente, como a mãe — falecida doze anos antes, durante o parto de Maria —, não o faria sem deixar vestígios, sem deixar um testemunho de que existira. Suas figuras de argila resistiriam ao sol, à chuva e aos ventos; aos homens e aos animais. Por toda a Eternidade. Pouco ligava para a opinião do pai. Sua vida se tornara mágica.

Justino, porém, estava decidido: dali em diante, toda vez

que fosse para a roça levaria junto o vadio. Queria só ver se lá ele também faria aqueles acintosos homens de barro...

Naquela noite, Ângelo sonhou com a mãe. Ela não falava, mas através do olhar transmitia uma mensagem. Comunicava ao filho que desde sua morte estava em meio a uma escuridão densa, pesada, sufocante. Nada de luz, nada de rostos conhecidos, nada de nada... Talvez ela estivesse enganada, mas começava a achar que a morte não era outra coisa que não o mais absoluto e irreversível fim. Simplesmente, assustadoramente, "O Fim". Sendo assim, seria melhor que o filho não deixasse de fazer em vida o que provavelmente não teria chance de fazer jamais. Que ele nunca deixasse de atender às vontades, aos desejos do coração. Ia então se afastando, com um olhar de despedida, enquanto na cabeça de Ângelo, já a meio caminho de acordar, iam ecoando as últimas frases da mensagem: "Luta, filho, pelos seus sonhos. É neles que está a resposta. É por eles que você existe..."

Ainda na escuridão da madrugada, Justino levantou-se e foi até a cama de Ângelo chamá-lo, mas ele já não estava lá. Justino foi achar o filho a alguns metros de casa, sentado numa pedra, o olhar perdido no brejo. Mandou que se aprontasse logo. Ângelo permaneceu imóvel. "O meu *artista* vai por bem ou vai arrastado?", desdenhou Justino. A cara de revolta do rapaz irritou profundamente aquele pai animalesco, que ao esbofetear o filho sentiu uma vertigem de prazer ao deixar bem clara sua arbitrariedade absoluta contra aquela insubordinação insolente, provinda talvez do próprio Demônio, e que ameaçava sua figura de pai, sua família e até mesmo suas terras.

Pelo caminho, Ângelo ia com a cabeça muito baixa para que o pai não percebesse suas lágrimas. Na roça, recebeu de Justino uma enxada e a ordem de ir carpindo uma fileira de pés de abóboras. O sonho de Ângelo parecia ter chegado ao fim, e a realidade, às toneladas, oprimia-lhe o peito a ponto de doer.

Enquanto Ângelo carpia, o pai e os irmãos, caminhando em sentido contrário, aspergiam entre as plantas uma solução de herbicida. De vez em quando, Justino dava uma olhada na direção do filho. Até que olhou e não o viu. Berrou o nome do filho. Nada. "O desgraçado voltou pra casa!", pensou. Não muito longe, viu a enxada jogada no chão. Furioso, resolveu ir buscar o "imprestável", dando ordens a Bruno e Pedro para que continuassem o trabalho. Caminhou apenas uns poucos metros e ouviu um gemido horrível, sufocado. Viu o filho caído logo adiante, contorcendo-se em convulsões entre os pés de abóbora, o rosto muito roxo, os olhos revirando, uma espuma grossa e sanguinolenta saindo em quantidade pela boca. Ao seu lado, vazio, o galão de herbicida. Alucinado, Justino ajeitou o filho nos ombros e foi até a casa do vizinho o mais depressa que pôde. Pelo caminho ia urrando: "Se ele morrer a culpa é minha! Minha culpa!"

Ângelo foi levado de charrete até o hospital da cidade e ali, atendido rapidamente, o que não fez muita diferença. A substância ativa do herbicida, uma vez ingerida ou inalada, causava nas vias respiratórias e digestivas lesões letais e irreversíveis. O tecido pulmonar, uma vez atingido, é incapaz de recuperar-se. O prognóstico levou Justino ao desespero. Ângelo iria morrer em pouco tempo, e o máximo que os médicos poderiam fazer seria aliviar um pouco sua dolorosa agonia.

Dois dias depois, Ângelo morria, e o último olhar que Justino recebeu do filho foi hostil e acusador. Nenhum arrependimento notava-se nesse olhar, mas sim a convicção de quem toma a decisão certa, e se não pode mais voar tão alto com suas asas de anjo, resolve impedir que elas sejam feridas e enxovalhadas por uma condição rastejante. Era o fim de uma vida que não admitia mais a própria existência, como um pássaro selvagem que prefere se chocar contra as barras da gaiola até a morte a ter que se conformar com seu cativeiro.

Imediatamente após o enterro de Ângelo, uma transformação impressionante foi notada em Justino. Nos primeiros dias, simplesmente parou de trabalhar, entregando-se a uma apatia paralisante, quase catatônica.

A exatos sete dias da morte de Ângelo, nova transformação.

Naquela manhã, os filhos levantaram estarrecidos ao ver Justino engatinhando no brejo, enlameado dos pés à cabeça, juntando montes de argila enquanto chafurdava ali como um leitão.

Depois, com a argila que juntou, começou a fazer estátuas.

As primeiras saíram grotescas, horrendas, monstruosas. Mas ao cabo de alguns dias de atividade febril e incessante, só parando para dormir quando era absolutamente impossível vencer a exaustão, sem comer e bebendo apenas uns poucos goles d'água, as esculturas já mostravam uma semelhança notável com aquelas feitas por Ângelo. Aos pés de algumas delas Justino escrevia, em garranchos quase incompreensíveis: "Peço Perdão a Meu Filho e a Deus".

Em vão os filhos tentavam fazê-lo parar, descansar, comer, lavar-se. Cada aproximação era rechaçada com uma violência maníaca.

Em algumas semanas já estava claro que aquela compulsão levaria Justino a um terrível fim, mas assim como tantos filhos são incapazes, por mais que tentem, de impedir um pai de beber até o álcool esgotar todas as reservas de um organismo, igualmente impotentes estavam Pedro, Bruno e Maria diante da situação de Justino. Desorientados, privados das coordenadas do antes vigoroso e autoritário patriarca, continuavam maquinalmente a exercer as mesmas tarefas cotidianas. Mais que isso não podiam fazer, *não sabiam fazer*. Não tinham outra idéia para ajudar Justino a não ser rezando, entregando a Deus o impasse.

Justino, porém, se tornava cada vez mais agitado e obsessivo. Acreditava que todo o tempo do mundo seria pouco para fazer esculturas em número e beleza suficientemente dignos de receber o perdão do filho. Nem tocava em comida, e já pouco bebia do jarro d'água colocado todos os dias a seu lado por um dos filhos. Estava espantosamente magro. Suas unhas estavam reduzidas a cacos de tanto esgravatar e esculpir a argila. As pontas dos dedos inchavam e sangravam. Adormecia ao relento, ao pé das esculturas, cujos rostos lembravam claramente o de Ângelo. Seu sono era sempre agitado; despertava várias vezes no meio da noite aos berros de: "Perdoa o teu pai! Eu continuo a tua obra, mas perdoa o teu pai!"

Os vizinhos pouco se importavam. Justino sempre fora considerado um homem rude, avaro, hostil. E agora, ainda por cima, louco. Para que tentar salvá-lo? Era claro que Deus, com sua justiça incontestável, estava punindo aquele homem que sempre fora mau para com o próximo, inclusive os próprios filhos. Por isso os vizinhos não sentiam a mínima compaixão por aquele farrapo humano se consumindo dia a dia. Pelo contrário; sentiam uma mórbida satisfação ao vê-lo definhar. Vários se desviavam de seus caminhos apenas para passar diante da casa, e alguns aproveitavam para mostrar aos filhos um edificante exemplo de "justiça divina" contra a ira e a avareza de "um homem mau". Para a maioria, o simples fato de que Justino ainda se sustentasse em pé mediante suas condições físicas era um indício óbvio de que ali ainda havia "muita maldade a ser paga".

Um dia os filhos de Justino não foram despertados por seus berros de perdão. Maria olhou pela janela e viu que o pai continuava deitado ao pé da enorme escultura começada na véspera.

Após alguns minutos de silêncio em meio a uma mescla de medo e indecisão, Pedro, o mais velho, resolveu ir até o pai. Os irmãos olhavam pela janela. Pedro aproximou-se do pai, abaixou-se, falou-lhe algo, tocou-lhe. Voltou a levantar-se e, dirigindo-se aos irmãos, fez lentamente um sinal horizontal com a mão, como se estivesse cortando o ar. O gesto dizia tudo. Justino estava morto.

Ao cair daquela tarde, quarenta dias após a morte de Ângelo, Justino era enterrado ao lado do filho, nos fundos da capelinha do bairro. Todos os vizinhos foram ao enterro. Queriam ver e mostrar aos filhos a que ponto chegara o "homem mau". Alguns haviam vindo de longe, mas valera a pena. Nunca haviam visto um morto assim. A impressão que tinham era de que aquele homem já estava morto havia semanas, havia meses talvez. Era o cadáver mais esquálido e ressequido que jamais haviam visto, uma verdadeira múmia. Um dos presentes até sugeriu que alguém fosse até a cidade buscar o retratista, para imortalizar a extraordinária curiosidade. Mas ninguém foi chamar o retratista, começou a escurecer, e logo o local estaria deserto. Ninguém mais falou de Justino nem pareceu se importar com a sorte de seus filhos.

Porém, no local argiloso onde o corpo de Justino literalmente desmoronara e passara parte da madrugada, uma marca permaneceu e, secando ao sol, endureceu.

Imaginei essa concavidade na argila como uma permanente recordação da tragédia de Ângelo e Justino, e a partir dela dei título ao conto: "A Marca na Argila".

Devo acrescentar que o local que me inspirou a escrever esse conto sempre teve para mim um encanto especial. Além do mistério de suas ruínas e suas marcas na argila, era um lugar extremamente tranqüilo, belo e privado, quase apartado do resto do mundo por um monte pedregoso à frente e um riacho de água cristalina atrás. Perto desse riacho havia um denso bananal, e era esse exato local que eu escolhia para uma pausa em minhas cavalgadas, e então me aproveitava de toda aquela quietude e aquele isolamento. Às vezes cortava cinco ou seis folhas de bananeira, colocava-as ordenadamente no chão como se fossem um tapete e me deitava sobre elas, relaxado, com a mente quase vazia de pensamentos, completamente absorto no ambiente. De vez em quando, embalado pelo rumor tranqüilo da água do riacho correndo, eu adormecia.

Como já relatei na "Encruzilhada", o conto "A Marca na Argila", inspirado nesse local, ganhou o primeiro lugar do concurso e, além de fazer com que eu economizasse, durante um ano, um bom dinheiro em mensalidades da faculdade, despertou em mim a vontade de escrever mais coisas. Isso foi em 1995.

Cinco anos mais tarde, eu estaria morando no sítio.

Agora pouca coisa sobrara das ruínas da casa. A parte que resistira em pé até meados de 1993 fora demolida então, e todo o material ainda aproveitável — principalmente telhas e tijolos — havia sido utilizado na construção de uma granja ali por perto.

Todavia, o local continuava a exercer a mesma atração sobre mim.

Numa tarde de verão, em janeiro de 2000, durante um de meus cochilos sob o bananal à beira do riacho, tive um sonho.

Sonhei que eu era Ângelo, o personagem do conto que escrevera cinco anos antes, e que vivenciava exatamente a história de que tratava o conto. Creio que foi o sonho mais intenso que tive em toda a minha vida. Não era como no sonho do relato "O Sonhador", que já me impressionara o suficiente para que eu o transformasse em conto. Era mais, muito mais. Mesmo muito depois de despertar, eu sentia como se realmente houvesse vivido aquela outra vida. Não uma vida fragmentária e cheia de lacunas, como costumam ser a maioria das vidas experimentadas em sonhos, mas uma *vida cheia, completa, plena*. Eu sabia tudo sobre Ângelo: havia sentido cada sentimento seu, pensado cada pensamento, sonhado cada sonho, pronunciado cada palavra, executado cada movimento e, inclusive, experimentado sua dolorosa agonia e sua morte. A sensação que perdura até hoje não é a de *haver sonhado* com Ângelo, mas a de *haver sido* Ângelo.

Lembro-me que minha primeira reação ao despertar desse sonho foi perguntar para mim mesmo: "Então Ângelo realmente existiu?" A segunda foi constatar que provavelmente eu nunca teria condições de responder adequadamente a essa pergunta.

No entanto, cerca de dois meses após o sonho, um improvável encontro esclareceria minha dúvida.

Eu estava lendo uma revista no bar do pesqueiro do sítio. Minha mãe, ao meu lado, conversava sobre amenidades com um pescador, até que de repente a conversa começou a tomar um rumo que chamou minha atenção.

O pescador era um senhor de idade, alto e magro, que dizia viver em Mogi-Guaçu, cidade que fica a uns 40 quilômetros do sítio.

Este senhor contou que o principal motivo de sua viagem não havia sido a pescaria, mas sim rever o local onde havia nascido e vivido até os 20 anos, e para onde nunca havia retornado desde então. Há 56 anos ele não via o lugar onde nascera, e agora, aos 76 anos de idade, ele decidira fazê-lo, ao descobrir um câncer que não lhe deixaria muito tempo de vida.

"Infelizmente", ele dizia, "a casa, como eu desconfiava, já foi derrubada, mas mesmo assim o lugar me trouxe muitas lembranças, algumas boas, outras ruins, mas todas necessárias." Entre as lembranças ruins ele enumerava a morte da mãe durante o parto da irmã, a morte de um irmão por envenenamento e a morte do pai "pelo desgosto de perder o filho". O relato daquelas três mortes foi como um alarme em minha mente. As semelhanças entre a história daquele senhor e o meu conto "A Marca na Argila", bem como com o sonho que eu havia tido dois meses antes, eram impressionantes. Entrei na conversa, perguntando pela exata localização da antiga casa. Não havia mais dúvidas. Era a própria. Comecei a fazer pergunta atrás de pergunta, visando confirmar o quão coincidentes eram a história daquele homem, meu conto e meu sonho. Fiquei maravilhado ao constatar que não se tratava de uma ou outra coincidência esparsa, mas tudo conferia rigorosamente. Até os nomes. O senhor que estava diante de mim chamava-se Pedro. *Pedro, o irmão mais velho de Ângelo. Existira um Ângelo,* e também um Justino, um Bruno, uma Maria (esta, também, ainda vivia). Bruno morrera de enfarte aos 64 anos.

Aquele encontro confirmou que cada passagem do meu conto havia sido absolutamente verídica.

Eu começara a fazer perguntas muito diretas e ao senhor intrigou o fato de que eu soubesse tanto a respeito da história de sua família. Menti, dizendo que eu soubera alguma coisa através de antigos moradores das redondezas, mas me pareceu que ele não ficou totalmente convencido. Achava, com certo assombro, que eu sabia demais. De qualquer forma, resolveu me contar a parte que eu *não* sabia: o que aconteceu após a morte de Justino.

Alguns meses depois da morte do pai, os três irmãos foram morar na cidade, na casa de uns tios. As terras foram vendidas, e a primeira coisa que o novo proprietário fez foi mandar destruir as esculturas, que em sua opinião davam um ar sinistro à sua nova propriedade. "Mas até hoje ficou um buraco no lugar de onde cada uma delas foi arrancada", contou Pedro. Isto explicava as misteriosas depressões no solo. "Um dos buracos é duas vezes maior e mais fundo que os outros", continuou ele. "Foi a última escultura que meu pai fez, a maior de todas. Ele morreu ao lado dela, e até hoje, ao lado desse buraco maior, está a marca que o corpo do meu pai deixou na argila. Essa marca me fez lembrar aquele dia como se fosse ontem... Quase sessenta anos, e a marca ainda está lá. É incrível. Eu sou um homem velho, já vi muita coisa neste mundo, mas, quando reconheci aquela marca, fiquei arrepiado."

Ao começar a escurecer, Pedro foi embora. Nunca mais o vi. Fiquei sabendo de sua morte cerca de três meses após nosso encontro, através de um outro pescador de Mogi-Guaçu.

A notícia da morte do irmão mais velho de Ângelo reavivou minha curiosidade em relação ao sítio que fora seu lar décadas atrás, e no dia seguinte resolvi fazer uma visita ao local.

Procurei cuidadosamente pelo buraco de maior diâmetro e logo ao lado vi a impressionante *marca*. Era uma depressão na argila endurecida, onde se podia divisar claramente o molde de um corpo que caíra de lado, sendo a parte mais profunda a que correspondia ao tronco, seguida em profundidade pela perna direita, braço direito e cabeça. Havia uma outra depressão bem menor e menos profunda alguns centímetros adiante da marca da perna direita, claramente causada pela parte da perna e pé esquerdos que haviam tocado a argila ainda úmida. Do braço esquerdo não havia nenhuma impressão, talvez houvesse permanecido apoiado sobre o corpo.

Imediatamente compreendi o que o velho Pedro quisera dizer com "parece que foi ontem". Apesar de ser um local de morte, aquela marca na argila me parecia tão cheia de vida, tão atual! Parecia-me até mesmo sentir ainda um resquício de calor emanando do local onde exalara o último suspiro aquele pai consumido até seu final pelo remorso e pela obsessão. Como era possível estar ali aquele molde perfeito, após 56 anos de sol, de ventos, de chuvas?

Lembrei-me de quando estive, em 1998, nas ruínas de Pompéia e Herculano, na Itália. Ali vi inúmeros moldes em gesso de pessoas mortas há quase 2000 anos, carbonizadas pelas cinzas escaldantes do vulcão Vesúvio. Eram corpos contorcidos, encolhidos, abraçados ou simplesmente em repouso. Morreram nas mais diversas circunstâncias: alguns tentando fugir, outros imobilizados pelo pavor, e os mais afortunados foram alcançados pela morte durante o sono — simplesmente foram dormir e nunca acordaram. O que importa dizer é que, quando vi esses corpos de Pompéia, tive a mesma sensação de intemporalidade que agora, quando via o molde deixado pelo corpo de Justino, cuja história havia se apresentado a mim durante a visão-conto (ou conto-visão?), cinco anos antes que eu a conhecesse pelo relato de Pedro.

O molde na argila de uma morte ocorrida há 60 anos.

Moldes em gesso de mortes ocorridas há 2000 anos.

Formas e figuras que vinham confirmar, uma vez mais, que o tempo só é um limite para os que *se deixam* limitar por ele.

TUDO AINDA PODE DAR CERTO

"A raça humana se vê,
mais que nunca,
desafiada a demonstrar seu domínio
não sobre a Natureza,
mas sobre si mesma."

(Rachel Carson)

"Todas as coisas estão conectadas
como o sangue que une uma família.
Qualquer coisa que aconteça à Terra
acontece a seus filhos.
O Homem não teceu a rede da vida;
ele é apenas mais uma fibra dela.
Tudo o que faça à rede, fará a si mesmo."

(Chefe Seattle)

A tartaruga gigante

No sítio, tinha agora todo o tempo do mundo para analisar e compreender mais a respeito de tudo o que acontecera comigo.

Algo que ainda me intrigava era um momento do sonho da tartaruga, quando derramo óleo sobre ela. Eu sentia nesse ato um forte significado, que todavia ainda não conseguira captar.

Vejam bem: não era a tartaruga, animal que me perseguira — no bom sentido — durante todo aquele dia em Gênova, e cujo significado eu acredito ter absorvido com toda a carga simbólica, arquetípica, divina inclusive, que ela possui.

O mistério permanecia no ato de derramar o óleo.

O que significava?

Apesar da importância que dou aos sonhos, não fico procurando obsessivamente o significado de *cada* detalhe. Simplesmente porque não há necessidade. Em geral, o significado chega de forma natural à minha mente. Mas não dessa vez. Apesar disso, eu continuava sentindo que naquele ato ritualístico se escondia uma mensagem de suma importância.

Até que, certa vez, acordei no meio da noite despertado por um sonho particularmente vívido. Era o seguinte: eu estava no sítio, era setembro, começavam as primeiras chuvas. Era hora de preparar a terra para a lavoura. Com o trator me dirigi ao cume da montanha mais alta e tentei arar a terra, que, apesar de molhada pela chuva, estava dura como pedra, a ponto de ser impossível ará-la. Quando insisti, os discos de ferro do arado começaram a entortar. Continuei tentando. A terra era tão dura que começou a *rasgar* os discos de ferro como se fossem de papelão. Furioso, desci do trator e tentei romper o solo endurecido a golpes de picareta.

Já no primeiro golpe, o solo, que havia resistido à força do trator, miraculosamente rachou-se. A rachadura foi se prolongando por toda a montanha. Ouvi um gemido grosso, meio mugido. A montanha começou a se mover. Percebi então que estava sobre o casco de uma tartaruga gigantesca.

O golpe acabou sendo fatal. A tartaruga levantou a cabeça, soltou dois longos suspiros e morreu logo após. Foi então diminuindo, como uma bexiga de festa esvaziando, até chegar ao tamanho aproximado de uma vaca, mas, para minha sorte, muito mais leve. Empurrei seu corpo por um barranco abaixo e voltei para casa, confuso com o acontecido, mas por outro lado aliviado com o fato de o monstro haver encolhido tanto após a morte, tornando-me possível ocultar seu corpo. Pensava que algo terrível aconteceria comigo se as pessoas descobrissem que eu matara a tartaruga gigante.

De repente, começou uma tempestade. Torrentes de água vinham das montanhas em direção ao lago do sítio. Então eu vi, em meio à tempestade, boiando no lago, o cadáver da tartaruga. Fiquei apavorado. Estava quase toda submersa; apenas parte da carapaça podia ser vista. A chuva passou, dando início ao meu dilema. Começava a chegar gente que vinha pescar ali. Por uma estrada que rodeava o lago ia passando, suspeitosamente vagaroso, um carro de polícia.

A questão era: deixar a tartaruga no lago, torcendo para que ninguém a visse, ou aproveitar um momento em que não houvesse gente por perto e retirar o corpo dali, dando fim à prova do meu delito, escondendo-o, enterrando-o? Ou talvez entrar na água e amarrar algumas pedras ao cadáver para que ele afundasse? E se estivesse sendo observado? Nesse clima de paranóia, acordei.

Na noite após o tal sonho, assistindo ao "Jornal Nacional", vi a notícia sobre uma catástrofe ecológica, causada pelo vazamento de um navio petroleiro em uma costa da Europa. Tudo o que eu não compreendera ainda tornou-se claro naquele momento. Havia milhares de animais morrendo envoltos no óleo grosso e negro — entre eles, tartarugas marinhas.

Só então, mais de um ano depois, compreendi meu gesto de derramar óleo sobre a tartaruga. Esse ato, junto ao de tentar arar o casco da tartaruga gigante e finalmente tirar sua vida a golpes furiosos de picareta, deixava clara nos sonhos a representação fiel do ser humano nocivo ao ambiente em que vive, o Grande Destruidor. No sonho do óleo, eu sabia que aquilo também poderia atingir a mim e a meus "parentes", os moradores da casa. Alguém poderia escorregar no óleo e se machucar, além de não ser higiênico viver numa casa com o chão lambuzado de óleo. Eu sabia que poderia haver conseqüências, mas por algum motivo eu não chegava a vislumbrar o *alcance* dessas conseqüências, *eu não me importava*.

Que sinistras circunstâncias haveriam colocado certos homens no papel de destruidores *que não se importam?* Tenho uma única resposta: *ignorância*.

A Ignorância no único ser deste planeta ao qual ela não é permitida, no único ser provido de Consciência, o transformam no Grande Destruidor.

O dom da Consciência recebido pelo Homem abre a ele um vasto leque de potencialidades. Esse "leque" pode ser tão maravilhoso quanto perigoso. Como conseqüência, o Homem possui um poder não conhecido em nenhum outro ser vivo.

Esse poder, infelizmente, não vem acoplado com um *kit* de orientação moral, podendo ser utilizado tão grandiosamente para o Bem como para o Mal.

Por que a Ignorância alimenta o Mal? A resposta é simples: porque o contrário da Ignorância, ou seja, a Iluminação, ou mesmo a mera busca por ela, alimenta o Bem. Não se faz Mal impunemente. Todo Mal cometido é imediatamente auto-revertido, auto-infligido. O Mal é um bumerangue e seu principal e mais imediato dano a quem o comete é afastá-lo do caminho da Iluminação. Por outro lado, o espírito que busca a Luz vai se manter afastado *instintivamente* do Mal, não porque seja um santo ou um medroso ou um infinito e fanático reservatório de amor ao próximo, não porque seja *incapacitado* para o Mal, mas por simples e naturais sentimentos de autopreservação e auto-aperfeiçoamento. O não ignorante *sabe* que fazer o Mal afeta sua integridade, que o afasta de caminhos que são bons para ele próprio e que coincidentemente acabam sendo bons para o próximo, para o Mundo, para o Todo.

Podemos usar o exemplo de um ser humano famoso e notoriamente bom: Madre Teresa de Calcutá. Madre Teresa passou a vida fazendo o Bem ao próximo, transbordando de amor ao próximo. E por acaso agindo assim ela não estava fazendo o Bem também a si própria? Não estava se aperfeiçoando como ser humano, se aproximando um pouco mais da Iluminação a cada boa ação que praticava? Alguém duvida que Madre Teresa percebia muito claramente o Bem que fazendo aos outros acabava fazendo a si mesma? Por acaso ela continuaria a fazer o Bem se sentisse que isso a afastaria do caminho da Luz, que não a aperfeiçoaria cada vez mais, que a aviltaria?

Está claro que não. E essa busca por aperfeiçoamento, essa *busca por Luz*, tira o mérito do que ela fez? De forma alguma. Essas constatações apenas ilustram o que foi declarado. Quem realmente busca o próprio Bem, antes de tudo pratica o Bem, *comete* o Bem, porque, assim como o Mal, o Bem também é um bumerangue. Madre Teresa queria o Bem de todos. E Madre Teresa também se inclui nesse conjunto. Por que não se incluiria? Acaso não era humana? Não era também *filha de Deus?* Porém, existe uma coisa que Madre Teresa não era: *Madre Teresa não era ignorante*, e sabia que, fazendo o Bem a si, o faria automaticamente ao próximo, e, fazendo-o ao próximo, o faria sem dúvida a si.

Por isso o não ignorante é bom, enquanto o ignorante fica à mercê das circunstâncias, indo para o lado onde o vento soprar, e nesse lado — algumas vezes o do Bem, outras o do Mal — aplicará suas forças, porque em algo é obrigado a aplicá-las, uma vez que as possui.

Alguém poderá perguntar: pode-se culpar o ignorante por sua torpeza, por sua maldade?

O Homem foi criado à semelhança de Deus, portanto perfeito, porém simples e ignorante, tendo dentro de si a essência divina e tudo quanto precisa para através do conhecimento encontrar a luz.

As potencialidades e os dons, os recebe em estado bruto com responsabilidade de desenvolver a consciência. Nesse processo a vida contribui oferecendo desafios a fim de que desenvolvam experiências e aprendam a discernir, direcionando seu livre-arbítrio fazendo escolhas cada vez melhores, valorizando a ética da moral cósmica, no caminho da evolução.

Para isso é-lhe concedido certo tempo, para que alcance

conhecimentos que o tornem um colaborador consciente da obra divina, quando passará a desfrutar de mais equilíbrio, alegria e felicidade, tendo o verdadeiro Bem como atitude natural de seu espírito.

Durante esse processo, a vida responde a cada atitude de cada um tanto no campo individual quanto no coletivo, de forma relativa ao nível de desenvolvimento que ele já conquistou. Esse é o preço que cada ser terá que pagar para alcançar o desenvolvimento interior.

Porém, muitas pessoas não parecem dispostas a pagar esse preço, mergulhando nas ilusões do caminho, recusando-se a fazer a parte que lhe cabe no próprio aprimoramento, acomodando-se ao que lhe parece mais fácil, resistindo ao próprio progresso.

Mas a evolução tem seu próprio tempo e, esgotado este, precisa seguir seu curso. Então a vida prepara para os retardatários situações drásticas que certamente os reconduzirão à retomada do próprio desenvolvimento.

É preciso confiar na inteligência divina, na perfeição do universo, na sabedoria da vida. O homem não é errado. Deus o criou perfeito, como a semente que guarda dentro de si tudo quanto precisa para tornar-se uma árvore frondosa e dar frutos.

É protegida e alimentada pelo amor divino, regada com a água viva das oportunidades e precisa cumprir a missão para a qual foi criada.

A vida é mágica e tem uma linguagem direta com cada ser vivo, uma maravilhosa sincronicidade que através dos meus sonhos consegui perceber.

Senti que precisava registrar essa descoberta e então resolvi escrever este livro. E o fiz porque, apesar dos problemas dolorosos que afligem o mundo, tenho fé no Homem como ser capaz de amar. Um dia todos teremos conquistado a plenitude do amor incondicional. É preciso trabalhar no Bem e saber esperar, pois é apenas uma questão de tempo.

Não será em vão que esperaremos pelos dias, grandiosos dias, em que o Homem irá provar que foi uma das mais belas idéias de Deus.

No final só me resta perguntar:

— Você está já está fazendo sua parte?

Olhe à sua volta, analise os desafios do seu caminho, procure perceber o que a vida está querendo lhe dizer com eles.

Se tiver dificuldade, lembre-se de que a essência divina está dentro de você, que seu espírito foi criado à semelhança de Deus e que o amor divino e a inteligência universal estão à sua disposição. Conecte-se com eles. Evoque a inspiração e fique atento — no momento certo ela virá, fiel e clara, abrindo para você as portas do conhecimento.

Esse é o caminho que cedo ou tarde, pelo amor ou pela dor, todos terão que trilhar.

Fim

Sucessos de ZIBIA GASPARETTO

Crônicas e romances mediúnicos.
Mais de cinco milhões de exemplares vendidos.
Há mais de dez anos Zibia Gasparetto vem se mantendo na lista dos mais vendidos, sendo reconhecida como uma das autoras nacionais que mais vende livros.

- Crônicas: Silveira Sampaio

PARE DE SOFRER
O MUNDO EM QUE EU VIVO
BATE-PAPO COM O ALÉM

- Crônicas: Zibia Gasparetto

CONVERSANDO CONTIGO!

- Autores diversos

PEDAÇOS DO COTIDIANO
VOLTAS QUE A VIDA DÁ

- Romances: Lucius

O AMOR VENCEU
O AMOR VENCEU *(em edição ilustrada)*
O MORRO DAS ILUSÕES
ENTRE O AMOR E A GUERRA
O MATUTO
O FIO DO DESTINO
LAÇOS ETERNOS
ESPINHOS DO TEMPO
ESMERALDA
QUANDO A VIDA ESCOLHE
SOMOS TODOS INOCENTES
PELAS PORTAS DO CORAÇÃO
A VERDADE DE CADA UM
SEM MEDO DE VIVER
O ADVOGADO DE DEUS
QUANDO CHEGA A HORA
NINGUÉM É DE NINGUÉM
QUANDO É PRECISO VOLTAR
TUDO TEM SEU PREÇO
TUDO VALEU A PENA

Sucessos de LUIZ ANTONIO GASPARETTO

Estes livros irão mudar sua vida!
Dentro de uma visão espiritualista moderna, estes livros irão ensiná-lo a produzir um padrão de vida superior ao que você tem, atraindo prosperidade, paz interior e aprendendo acima de tudo como é fácil ser feliz.

ATITUDE
SE LIGUE EM VOCÊ *(adulto)*
SE LIGUE EM VOCÊ - nº 1, 2 e 3 *(infantil)*
A VAIDADE DA LOLITA *(infantil)*
ESSENCIAL *(livro de bolso com frases para auto-ajuda)*
FAÇA DAR CERTO
GASPARETTO *(biografia mediúnica)*
CALUNGA - "Um dedinho de prosa"
CALUNGA - Tudo pelo melhor
CALUNGA - Fique com a luz...
PROSPERIDADE PROFISSIONAL
CONSERTO PARA UMA ALMA SÓ *(poesias metafísicas)*
PARA VIVER SEM SOFRER

série CONVERSANDO COM VOCÊ *(Kit contendo livro e fita k7):*
1- Higiene Mental
2- Pensamentos Negativos
3- Ser Feliz
4- Liberdade e Poder

série AMPLITUDE:
1- Você está onde se põe
2- Você é seu carro
3- A vida lhe trata como você se trata
4- A coragem de se ver

INTROSPECTUS *(Jogo de cartas para auto-ajuda):*
Modigliani criou através de Gasparetto, 25 cartas mágicas com mensagens para você se encontrar, recados de dentro, que a cabeça não ousa revelar.

OUTROS AUTORES

Conheça nossos lançamentos que oferecem a você as chaves para abrir as portas do sucesso, em todas.as fases de sua vida.

LOUSANNE DE LUCCA:

• ALFABETIZAÇÃO AFETIVA

MARIA APARECIDA MARTINS:

• PRIMEIRA LIÇÃO - "Uma cartilha metafísica"

• CONEXÃO - "Uma nova visão da mediunidade"

VALCAPELLI:

• AMOR SEM CRISE

VALCAPELLI e GASPARETTO:

• METAFÍSICA DA SAÚDE:

vol.1: sistemas respiratório e digestivo

vol.2: sistemas circulatório, urinário e reprodutor

vol.3: sistemas endócrino *(incluindo obesidade)*, e muscular

MECO SIMÕES G. FILHO:

• EURICO um urso de sorte (infantil)

• A AVENTURA MALUCA DO PAPAI NOEL
E DO COELHO DA PÁSCOA (infantil)

ELISA MASSELLI:

- QUANDO O PASSADO NÃO PASSA
- NADA FICA SEM RESPOSTA
- DEUS ESTAVA COM ELE
- É PRECISO ALGO MAIS

RICKY MEDEIROS:

- A PASSAGEM
- QUANDO ELE VOLTAR
- PELO AMOR OU PELA DOR...
- VAI AMANHECER OUTRA VEZ

MARCELO CEZAR (ditado por Marco Aurélio):

- A VIDA SEMPRE VENCE
- SÓ DEUS SABE
- NADA É COMO PARECE
- NUNCA ESTAMOS SÓS
- MEDO DE AMAR

MÔNICA DE CASTRO (ditado por Leonel):

- UMA HISTÓRIA DE ONTEM
- SENTINDO NA PRÓPRIA PELE
- COM O AMOR NÃO SE BRINCA
- ATÉ QUE A VIDA OS SEPARE
- O PREÇO DE SER DIFERENTE

LEONARDO RÁSICA:

- FANTASMAS DO TEMPO - Eles voltaram para contar

LUIZ ANTONIO GASPARETTO

Fitas K7 gravadas em estúdio, especialmente para você!
Uma série de dicas para a sua felicidade.

- PROSPERIDADE:

Aprenda a usar as leis da prosperidade.
Desenvolva o pensamento positivo corretamente.
Descubra como obter o sucesso que é seu por direito divino, em todos os aspectos de sua vida.

- TUDO ESTÁ CERTO!

Humor, música e conhecimento em busca do sentido da vida.
Alegria, descontração e poesia na compreensão de que tudo é justo e Deus não erra.

- série VIAGEM INTERIOR (1, 2 e 3):

Através de exercícios de meditação mergulhe dentro de você e descubra a força da sua essência espiritual e da sabedoria.
Experimente e verá como você pode desfrutar de saúde, paz e felicidade desde agora.

- TOULOUSE LAUTREC:

Depoimento mediúnico de Toulouse Lautrec, através do médium Luiz Antonio Gasparetto, em entrevista a Zita Bressani, diretora da TV Cultura (SP).

• série PRONTO SOCORRO:
Aprenda a lidar melhor com as suas emoções, para conquistar um maior domínio interior.
1. Confrontando o desespero
2. Confrontando as grandes perdas
3. Confrontando a depressão
4. Confrontando o fracasso
5. Confrontando o medo
6. Confrontando a solidão
7. Confrontando as críticas
8. Confrontando a ansiedade
9. Confrontando a vergonha
10. Confrontando a desilusão

• série CALUNGA:
A visão de um espírito, sobre a interligação de dois mundos, abordando temas da vida cotidiana.
1. Tá tudo bão!
2. "Se mexa"
3. Gostar de gostar
4. Prece da solução
5. Semeando a boa vontade
6. Meditação para uma vida melhor
7. A verdade da vida
8. "Tô ni mim"
9. Quem está bem, está no bem
10. Sentado no bem
11. O poder de construção do bem

• série PALESTRA
1- A verdadeira arte de ser forte
2- A conquista da luz
3- Pra ter tudo fácil
4- Prosperidade profissional (1)
5- Prosperidade profissional (2)
6- A eternidade de fato
7- A força da palavra
8- Armadilhas do coração
9- Se deixe em paz
10- Se refaça
11- O teu melhor te protege
12- Altos e baixos
13- Sem medo de errar
14- Praticando o poder da luz em família
15- O poder de escolha

PALESTRAS GRAVADAS AO VIVO:

- série PAPOS, TRANSAS & SACAÇÕES

1- Paz emocional
2- Paz social
3- Paz mental
4- Paz espiritual
5- O que fazer com o próprio sofrimento?
6- Segredos da evolução
7- A verdadeira espiritualidade
8- Vencendo a timidez
9- Eu e o silêncio
10- Eu e a segurança
11- Eu e o equilíbrio

- série PALESTRA AO VIVO

1- Caia na real *(fita dupla)*
2- Casamento e liberdade *(fita dupla)*
3- Segredos da auto-estima *(fita dupla)*
4- A vida que eu pedi a Deus *(fita dupla)*

- LUZES

Coletânea de 8 fitas k7. Curso com aulas captadas ao vivo, ministradas através da mediunidade de Gasparetto.
Este é um projeto idealizado pelos espíritos desencarnados que formam no mundo astral, o grupo dos Mensageiros da Luz.

LUIZ ANTONIO GASPARETTO EM CD:

- *Títulos de fitas k7 que já se encontram em CD:*

- Prosperidade
- Confrontando a ansiedade
- Confrontando a desilusão
- Confrontando a solidão
- Confrontando as críticas
- Confrontando a depressão

- série REALIZAÇÃO:

Uma coleção de cds para todas as pessoas que estão sinceramente interessadas em aprender a melhorar.

LUIZ ANTONIO GASPARETTO

em vídeo

• SEXTO SENTIDO

Conheça neste vídeo um pouco
do mundo dos mestres da pintura,
que num momento de grande ternura
pela humanidade, resolveram voltar
para mostrar que existe vida além da vida,
através da mediunidade de Gasparetto.

• MACHU PICCHU

Visite com Gasparetto a
cidade perdida dos Incas.

• série VÍDEO & CONSCIÊNCIA

Com muita alegria e arte, Gasparetto
leva até você, numa visão metafísica,
temas que lhe darão a oportunidade de
se conhecer melhor:

O MUNDO DAS AMEBAS
JOGOS DE AUTO-TORTURA
POR DENTRO E POR FORA

ESPAÇO VIDA & CONSCIÊNCIA

Acreditamos que há em você muito mais condições de cuidar de si mesmo do que você possa imaginar, e que seu destino depende de como você usa os potenciais que tem.

Por isso, através de PALESTRAS, CURSOS-SHOW e BODY WORKS, GASPARETTO propõe dentro de uma visão espiritualista moderna, com métodos simples e práticos, mostrar como é fácil ser feliz e produzir um padrão de vida superior ao que você tem. Faz parte também da programação, o projeto VIDA e CONSCIÊNCIA. Este curso é realizado há mais de 20 anos com absoluto sucesso. Composto de 8 aulas, tem por objetivo iniciá-lo no aprendizado de conhecimentos e técnicas que façam de você o seu próprio terapeuta.

Participe conosco desses encontros onde, num clima de descontração e bom humor, aprenderemos juntos a atrair a prosperidade e a paz interior.

Maiores informações:

Rua Salvador Simões, 444 • Ipiranga • São Paulo • SP

CEP 04276-000 • Fone Fax: (11) 5063-2150

E-mail: espaco@vidaeconsciencia.com.br

Site: www.vidaeconsciencia.com.br

Gasparetto